세계문화유산
왕릉은 말한다

王陵

조선왕릉의 사연을 엮은 연작 서사시

이오장 詩集

⟨서 문⟩

조선왕조 오백년 역사를 그린 서사시

유승우
⟨시인, 문학박사⟩

　시는 아무나 쓰는 것이 아니다. 남은 못 보는 것을 보고, 남은 못 듣는 것을 듣는 사람만이 시를 쓰는 것이다. 남이 못 본다는 것은 이 세상의 사물이 아니며, 남이 못 듣는 것도 이 세상의 소리가 아니다. 그렇다면 그것들은 초현실의 현상일 것이다. 우리는 이 초현실의 현상을 일컬어 신(神)이라고 한다. 그렇다. 시인은 신과 대화하는 사람이며, 시는 곧 신과의 대화이다.
　그리스에서는 시를 인간에 의한 것이 아니라 신에 의한 것으로 보았다. 시로써 신(Muses)과 인간은 통화를 한다고 보았다. 그 통화의 통로가 바로 영감(靈感)이다. 인간은 이 영감을 통해 신과 만나고 대화하는 것이다. 이 영감이 내용이라면 언어는 그 형식이다. 그래서 영감이 실려 있는 언어가 바로 시이며, 그렇지 않은 언어는 일상어이다.

한국시는 한국어에 한국의 영감을 담은 것이다. 영감은 신과 인간이 만나는 통로라고 했다. 영감은 시신(詩神)이 시인을 부르는 통로이고, 시인이 그 부름에 응하는 통로이다. 어떤 시인이 어떤 시신에 부름을 받고 응하느냐 하는 것은 그 시인 영감의 문제다. 그런데 이오장 시인 영감의 통로를 통해 이 시인을 부른 시신은 조선왕조 5백 년의 주인공들이었던 왕릉의 주인들이다. 부름을 받았으니 그에 응할 수밖에 없다.

우리는 역사를 강물에 비유한다. 그 흐름이 중단되는 것도 아니며, 흐름이 어디쯤 가서 끝나는 것도 아니다. 과거와 현재와 미래는 강물의 밑바닥에 이르면 그 민족의 집단무의식으로 하나가 된다. 영감의 상상력은 역사의 밑바닥을 관통하는 타임머신이다.

이오장 시인의 상상력은 조선왕조 오백 년을 관통하여 그 주인공들과 만난다. 먼저 태조 이성계의 부름을 받는다. 그리고 이성계의 신이 이오장 시인에게 들린다. 이 시인이 쓰는 것이나, 그 화자는 이성계 자신이 된다. 46편의 작품이 다 이런 형식이다. 궁중의 법도와 시대정신의 그물에 걸려 희생된 것이 왕릉의 주인공들이다. 그들의 심정 하나하나를 물 흐르듯 그려나간 작품들이다. 그래서 한 편 한 편은 모두 서정시지만 전체적으로는 조선왕조 오백년의 역사를 그린 서사시다. 한 편 한 편 재미있게 읽다 보면 조선왕조 오백년을 관통하게 된다. 참으로 특이한 발상이다. 그리고 한 편 한 편의 시행들이 그 화자의 심정과 어울려 바람처럼 구름처럼 피어올라 독자를 시의 나라로 안내한다.

　왕조시대의 궁중이란 권력 투쟁의 중심이다. 이 안에서의 권력과 세도를 위한 투쟁은 너무도 잔혹하다. 왕릉의 주인공들은 다 이 싸움의 희생자들이다. 이들은 모두 그 시대정신의 희생 제물이었다. 정치는 언제나 같다. 오늘날도 정치하는 사람은 그 시대정신의 희생제물이 되어야 한다. 오늘의 시대정신은 민주주의다. 그러므로 국민을 위한 희생제물이 되어야 한다. 그래야 아름다운 삶이 된다. 아름다움을 뜻하는 한자 아름다울 미(美)자는 양양(羊)자 밑에 큰 대(大)자를 쓴 것이다. 큰 양은 희생 제물로 쓰기 때문에 아름다운 것이다. 왕릉의 주인공들도 큰 사람들이다. 모든 정치에 뜻을 둔 사람들은 이 시를 통해 왕릉의 말씀을 듣고 새로운 깨달음이 있길 바란다.

　끝으로 이오장 시인의 시에 대한 열정에 존경과 찬사를 드린다. 이 시인은 시를 온몸으로 쓰는 시인임을 알았기 때문이다.

| 차례 |

서 문
  - 조선왕조 오백년 역사를 그린 서사시   3
화 보   10
조선왕릉 상설도   18
조선왕릉 용어 설명   19

왕릉은 말한다 1
  - 제1대 태조 이성계 건원릉(建元陵)   28
왕릉은 말한다 2
  - 태조 계비 신덕왕후 정릉(貞陵)   30
왕릉은 말한다 3
  - 제2대 정종 후릉(厚陵)   32
왕릉은 말한다 4
  - 제3대 태종 헌릉(獻陵)   34
왕릉은 말한다 5
  - 제4대 세종 영릉(英陵)   36
왕릉은 말한다 6
  - 제5대 문종 현릉(顯陵)   38
왕릉은 말한다 7
  - 제6대 단종 장릉(莊陵)   40
왕릉은 말한다 8
  - 단종 비 정순왕후 사릉(思陵)   42
왕릉은 말한다 9
  - 제7대 세조 광릉(光陵)   44
왕릉은 말한다 10
  - 덕종과 인수대비 경릉(敬陵)   46

왕릉은 말한다. 11
  - 제8대 예종 창릉(昌陵)   48
왕릉은 말한다 12
  - 예종 비 장순왕후 공릉(恭陵)   50
왕릉은 말한다 13
  - 제9대 성종 선릉(宣陵)   52
왕릉은 말한다 14
  - 성종 비 공혜왕후 순릉(純陵)   54
왕릉은 말한다 15
  - 폐비 윤씨 회묘(懷墓)   56
왕릉은 말한다 16
  - 제10대 연산군 묘(墓)   58
왕릉은 말한다 17
  - 제11대 중종 정릉(靖陵)   60
왕릉은 말한다 18
  - 중종 비 단경왕후 온릉(溫陵)   62
왕릉은 말한다 19
  - 중종 계비 장경왕후 희릉(禧陵)   64
왕릉은 말한다 20
  - 중종 제2계비 문정왕후 태릉(泰陵) 66
왕릉은 말한다 21
  - 제12대 인종 효릉(孝陵)   68
왕릉은 말한다 22
  - 제13대 명종 강릉(康陵)   70
왕릉은 말한다 23
  - 제14대 선조 목릉(穆陵)   72
왕릉은 말한다 24
  - 제15대 광해군 묘(墓)   74

| 차례 |

왕릉은 말한다 25
　- 정원군(원종) 장릉(章陵)　　　　　　76
왕릉은 말한다 26
　- 제16대 인조 장릉(長陵)　　　　　　78
왕릉은 말한다 27
　- 인조 계비 장렬왕후(자의대비) 휘릉(徽陵)　80
왕릉은 말한다 28
　- 비운의 왕자 소현세자 소경원(昭慶園)　82
왕릉은 말한다 29
　- 소현세자 민희빈 영회원(永懷園)　　84
왕릉은 말한다 30
　- 제17대 효종 녕릉(寧陵)　　　　　　86
왕릉은 말한다 31
　- 제18대 현종 숭릉(崇陵)　　　　　　88
왕릉은 말한다 32
　- 제19대 숙종 명릉(明陵)　　　　　　90
왕릉은 말한다 33
　- 숙종 비 인경왕후 익릉(翼陵)　　　　92
왕릉은 말한다 34
　- 숙종 후궁 장희빈 대빈묘(大嬪墓)　　94
왕릉은 말한다 35
　- 숙종 후궁 숙빈 최씨 소령원(昭寧園)　96
왕릉은 말한다 36
　- 제20대 경종 의릉(懿陵)　　　　　　98
왕릉은 말한다 37
　- 경종 비 단의왕후 혜릉(惠陵)　　　100
왕릉은 말한다 38
　- 제21대 영조 원릉(元陵)　　　　　102

왕릉은 말한다 39
　- 영조 비 정성왕후 홍릉(弘陵)　　　　　104
왕릉은 말한다 40
　- 효장세자(진종) 영릉(永陵)　　　　　106
왕릉은 말한다 41
　- 사도세자(장조) 융릉(隆陵)　　　　　108
왕릉은 말한다 42
　- 제22대 정조 건릉(健陵)　　　　　　110
왕릉은 말한다 43
　- 제23대 순조 인릉(仁陵)　　　　　　112
왕릉은 말한다 44
　- 효명세자(익종) 수릉(綏陵)　　　　　114
왕릉은 말한다 45
　- 제24대 헌종 경릉(景陵)　　　　　　116
왕릉은 말한다 46
　- 제25대 철종 예릉(睿陵)　　　　　　118
왕릉은 말한다 47
　- 고종황제와 명성황후 홍릉(洪陵)　　　120
왕릉은 말한다 48
　- 순종황제와 순명효황후, 순정효황후 유릉(裕陵)　122

맺는말
　- 왕이 하고 싶었던 말이 귀청을 울렸다　　124
조선왕조 능/원/묘 현황　　　　　　　　126
조선왕조 가계도　　　　　　　　　　　134

*

본 시집의
왕릉 사진은
홍인화 작가의 작품임.

*

▲ 태조 이성계 건원릉

▲숙종과 제1계비 인현왕후 명릉

▲ 철종과 청종비 철인왕후 예릉

▲ 세종 영릉

▲숙종비 인경왕후 익릉

▲ 단종비 정순왕후 사릉

▲ 추존 덕종 경릉

▲ 단종 장릉

▲ 장희빈 대빈묘 서오릉

▲ 인조 장릉

▲ 순조 인릉

▲ 장조(사도세자) 혜경궁 홍씨 융릉

▲ 세조 광릉

▲ 태종과 태종비 원경왕후 헌릉

▲ 고종황제와 명성황후 홍릉

▲ 폐비 윤씨 회묘 서삼릉

▲ 신덕왕후 정릉

▲ 순종황제와 순명효황후, 순정효황후 유릉

조선왕릉 상설도

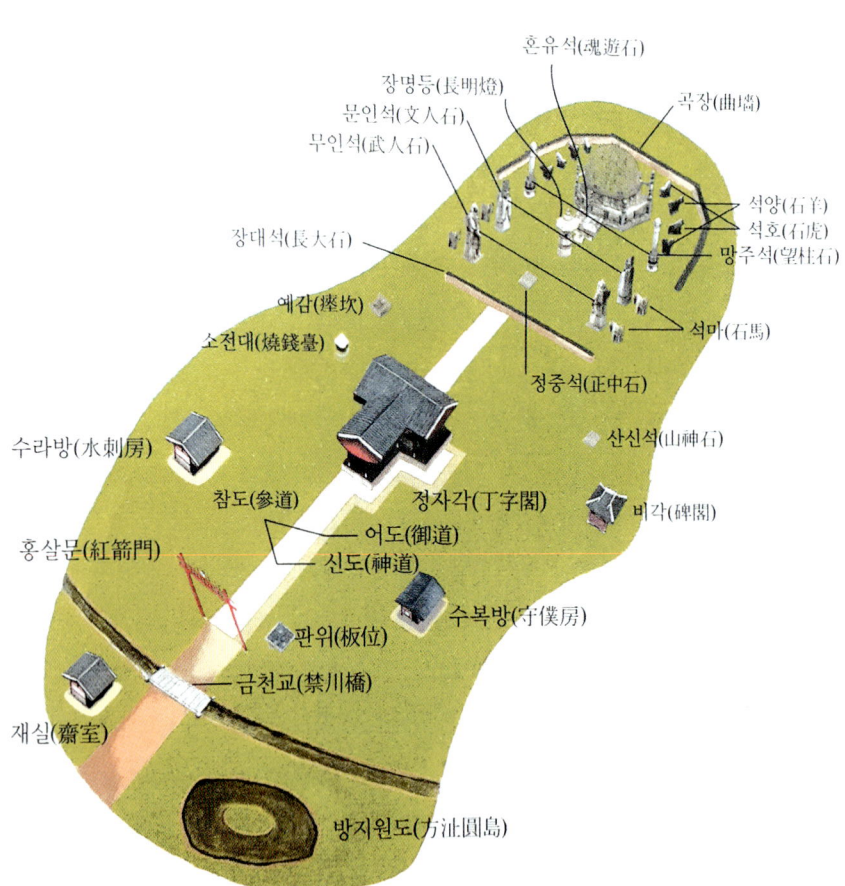

조선왕릉 용어설명

능(陵) : 황제와 황후, 왕과 왕비, 사후에 왕으로 모셔진 추존 왕과 왕비가 묻힌 곳.

원(園) : 세자와 세자빈, 세손과 세손빈, 왕의 친부모 등이 묻힌 곳.

묘(墓) : 폐군주(연산군/광해군), 폐비, 대군, 공주, 귀인, 후궁 등이 묻힌 곳.

단릉(單陵) : 왕이나 왕비 중 한 분만을 매장하여 봉분이 하나인 능.

쌍릉(雙陵) : 왕과 왕비를 하나의 곡장 안에 모셔 봉분을 2개로 조성한 능.

합장릉(合葬陵) : 왕과 왕비의 관을 함께 매장하여 하나의 봉분으로 조성한 능.

동원이강릉(同原異岡陵) : 왕과 왕비의 능을 정자각 뒤 좌우 언덕에 각각 조성한 능.

동원상하릉(同原上下陵) : 왕과 왕비의 능을 정자각 뒤 언덕에 상하로 각각 조성한 능.

삼연릉(三連陵) : 왕 · 왕비 · 계비 등을 각각 봉분 3개로 나란히 조성한 능.

재실(齋室) : 제관들이 머물며 제사를 준비하던 곳으로 능을 수호하기 위하여 능참봉(정9품) 이 머물렀다.

방지원도(方沚圓島) : 능 입구 주변에 위치한, 한 가운데 둥근 섬이 있는 네모난 연못으로 조선의 독특한 정원문화다. 성리학의 우주관과 자연관인 천원지방(天圓地方, 하늘은 둥글고 땅은 네모나다)을 구현한 것으로 양원음방(陽圓陰方, 양은 둥글고 음은 모나다)이라는 뜻도 된다. 유교의 근본원리인 음양설로 보면 땅은 음이고 하늘은 양이기에, 음양의 결합에 따라 자손번영을 기원하는 의미가 있다.

금천교(禁川橋) : 홍살문으로 진입하기 전에 놓여 있는 금천은 건너가는 것을 금지하는 시내라는 뜻으로 금천교 건너편은 특별한 영역인 임금의 혼령이 머무는 신성한 곳임을 표

현한다. 효종의 녕릉의 경우는 유일하게 금천교가 참도의 중간에 설치되어 있는데 이는 물이 능역을 가로질러 흐르기 때문이다.

홍살문(紅箭門) : 홍문(紅門) 또는 홍전문(紅箭門)이라고도 한다. 홍살문은 궁전이나 능, 원, 관아 등의 앞에 세워 신성한 지역임을 알리는 문으로, 붉은 칠을 한 둥근 기둥 2개를 세우고 위에 심방과 띠장을 가로질렀다. 가는 나무살을 15~24cm 간격으로 박고, 중앙에는 삼지창과 태극문 등을 새긴 형태와 구조를 지니고 있으며 지붕과 문은 달지 않는다. 조선 후기로 가면서 총살 사이의 간격이 넓어지는 모습을 보이고 있는데 이는 정자각의 규모가 커지는 결과를 낳았다.

판위(板位) : 홍살문을 통과하자마자 참도의 우측으로 보이는 납작한 석판의 명칭이다. 제례를 위해 왕이 능역에 들어가고 나갈 때에 절을 하는 용도로 쓰였다. 곧 이 편편한 석판이 제례의 시작점인 것이다.

참도(參道) : 홍살문에서 정자각까지 폭 3미터 정도로 돌을 깔아 놓은 길. 약간 높은 곳(들어갈 때 왼쪽)은 신이 다니는 길로 神道(신도)라고 하며, 약간 낮은 곳은 임금이 다니는 길로 御道(어도)라고 한다. 왕릉은 신도와 어도가 2도로 이뤄져 있지만, 황제릉은 신도를 중심으로 좌우에 어도가 하나씩 있어

3도로 구성된다.

　수복방(守僕房) : 정자각 서남쪽에 위치하고 제향 음식을 차리는 곳이다. 하지만 군데군데 초석만이 남아있는 경우가 대다수이다. 그나마 세종 영릉, 장조 융릉, 정조 건릉에 수라방이 남아 있어 그 원형에 대한 고증이나 자료를 구할 수 있다.

　정자각(丁字閣) : 제향을 올리는 곳인 정자각은 왕릉의 중심 건축물로서 그 평면이 한자의 '정(丁)'자와 같다고 하여 이름 붙여졌다. 홍살문을 거쳐 왕릉에 잠든 선왕의 혼과 현재의 왕이 함께 걸어와 동쪽의 2개 계단을 통해 정자각에 들어갔다가, 제례를 마치면 선왕의 혼백은 정자각 뒤쪽의 문을 통해 능침으로 올라가고 왕만이 서쪽의 1개 계단을 통해 내려오도록 설계하였다. 정자각의 동쪽으로 오르고 서쪽으로 내려오는 것을 동입서출(東入西出)이라 한다.

　비각(碑閣) : 정자각 동쪽에 위치한 비각 안에는 왕릉의 묘비가 세워져 있다. 비각 내에는 비석 1개가 설치되는 것이 보통이지만 건원릉은 묘비와 신도비, 2개가 있다. 신도비란 죽은 사람의 업적을 기록하여 세우는 것으로 중국 진송 때 비롯되어 고려시대부터 조선 세종 때까지 건립되었는데, 그 후로는 왕릉에 신도비를 세우는 것을 금지하였다. 현재 남아 있는 신도비는 태조 건원릉과 태종 헌릉뿐이다.

소전대(燒錢臺)·예감(瘞坎) : 제례의 마지막 철자인 축문을 불대우는 의식을 행하던 곳이다. 소전대와 같은 기능을 하는 석물로는 예감(瘞坎)이 있는데, 조선초기의 태조 건원릉과 태종 헌릉에서만 소전대를 볼 수 있으며 그 이후의 능에서는 모두 예감으로 대체되었다.

산신석(山神石) : 산신석은 능역을 조영한 산의 원래 산신에게 제사를 지내기 위한 석물이다.

무인석(武人石) : 왕을 호위하며 장검을 짚고 위엄 있는 자세를 취하고 있다.

문인석(文人石) : 언제든지 왕명에 복종한다는 자세로 양손으로 홀을 쥐고 서있다.

석마(石馬) : 석마는 이전 고려시대에도 존재하지 않았으며 중국에도 없는 조선왕릉의 특징적 요소이다. 문인석과 무인석은 각각 말을 대동하고 있다.

망주석(望柱石) : 혼이 놀러갔다가 찾아올 수 있도록 하기 위하여 무덤 양 옆에 세운 돌기둥이다. 혼이 망주석에 새겨진 세호(細虎, 망주석의 2/3지점에 있는 작은 호랑이 형상으로 한쪽은 올라가고 한쪽은 내려가는 모양)를 타고 봉분 안으로 드나든다고 한다. 한편 후손들이 많이 번성하기를 기원하는 뜻에서 세운다고도 한다.

장명등(長明燈) : 왕릉에 불을 밝히기 위한 것이며, 귀신이 가장 무서워하는 것이 불이기 때문에 잡귀의 접근을 막는 뜻으로 세웠다.

석양(石羊) : 양은 죽은 이의 명복을 빌며 사악한 것을 물리친다는 뜻으로 세웠다.

석호(石虎) : 능을 지켜주는 호랑이 모양의 수호신. 왕릉의 석양과 석호는 각각 네 마리씩 밖을 보도록 설치하였는데, 추존된 왕릉에는 석호와 석양의 수를 반으로 줄여 두 마리씩 설치하였다.

혼유석(魂遊石) : 일반인의 묘에는 상석이라 하여 제물을 차려놓는 곳이지만, 왕릉은 정자각에서 제를 올리므로 혼령이 앉아 노는 곳이라 한다.

고석(鼓石) : 혼유석의 받침돌로써 사악한 것을 경계하는 의미로 귀면(鬼面, 귀신의 얼굴 모양)을 새겼다.

봉분(封墳) : 능침인 봉분은 병풍석과 난간석으로 둘러져 있어 전체가 하나의 왕관처럼 보인다. 왕과 왕비가 봉분에 놓인 형태에 따라 단릉, 쌍릉, 합장릉, 삼연릉, 동원이강릉, 동원상하릉 등으로 나뉜다.

병풍석(屛風石) : 봉분 밑 부분을 12개의 돌로 둘러싼 병풍석은 12방위를 나타낸다. 시대에 따라 십이지신, 모란, 연화 문양 등이 새겨져 있는데 이는 모든 방위로부터 침범하는 부정과 잡귀를 쫓아내기 위함이다.

난간석(欄干石) : 난간석은 봉분 주위를 보호하기 위하여 설치하였으며, 제일 높은 기둥을 석주(石柱), 석주를 가로지른 횡석주를 죽석(竹石), 죽석 중간을 받쳐 주는 작은 기둥을 동자석주(童子石柱)라 한다.

원찰(願刹) : 왕릉 부근에 망인의 위패를 모시고 명복을 비는 사찰.

세계문화유산
왕릉은 말한다

王陵

왕릉은 말한다 1
– 제1대 태조 이성계 건원릉(建元陵)

신궁(神弓)이라 하는구나
산골짜기 달리는 말 위에서
왜장의 목구멍에 화살 꽂았고
여진족장 투구 뿔 맞춰 항복 받았어도
마지막 화살 하나 잘못 쏘아
머리에 갈대 뒤집어 쓴 내게
백발백중 신궁이라 하는구나
활 들고 전장 누비며 구한 고려를
손수 무너뜨리고 세운 내 나라 조선에서
아들에게 자리 뺏기고
어린 자식까지 잃었을 땐
인왕산을 무너뜨리고 싶었다
머나먼 고향 함흥 땅에서
무학대사 손에 이끌려 다시 찾은 한양
그날 하륜이 세운 차일기둥 하나로
화살은 꺾이고 말았구나
자식에게 빼앗긴 걸 다행이라 말하지만
한번 실수로 넘겨준 권좌(權座)를
어찌 잊을 수 있으랴

마지막 유언 한마디 들어주지 않고
무덤에 억새를 씌운 아들은 뭐라 했을지
오늘도 함흥갯벌 허연 갈대는
서걱서걱 쉬지 않고 말 달려도
검암산 기슭만 맴도는구나

※ 이성계는 유언으로 함흥고향에 묻어 달라 했으나, 태종 이방원은 신생국가의 정통성을 위해 남양주에 능을 조성하고 함흥의 억새를 무덤에 심었음. 경기도 구리시 검암산 동구릉 소재.

왕릉은 말한다 2

― 태조 계비 신덕왕후 정릉(貞陵)

어린 두 아들 죽이고 무덤 파헤친 발길이
흥천사 돌계단 밟기 전에
울음 참던 범종은 녹아들었다
둘러친 난간석 여염집으로 흩어지고
당초무늬 병풍석 광통교 받침으로 박혀
청계천 물살에 휘감기던 날
한양 하늘은 구름에 덮였으리
개경 귀족의 딸로 태어나
변방 장수 경첩(京妾)이 되었다가
조선국 최초의 왕비로 책봉되고
맨 먼저 릉(陵)의 주인이 되었지만
무덤 하나 지키지 못한 나를 누가 알아주랴
정동이란 동네 세우고
북악산 자락에 정릉동을 남겼어도
내 이름 불러주는 이 없어라
어린 자식들
청계천 다리받침이 입고 선 치맛자락 붙들고
큰 소리로 울고 울어도 누구하나 손잡아 주지 않고
선왕(先王)의 손길 멀기만 하다

삼백년이 지나서야
이름 다시 찾아 마련한 새로운 땅
숲이 우거져 공원이 되었으나
우뚝우뚝 솟아나는 건물 그림자가
칠백년 선잠 깨운다

※ 신덕왕후 : 조선 태조 이성계의 계비. 최초로 왕비로 책봉되고 사후에 능을 얻었으나 태종 이방원에 의해 지금의 정동에 있던 능은 파헤쳐지고 현재 정릉동으로 이장 됐음. 묘지석 등이 광통교의 받침으로 쓰여 졌고 사후 300년이 지나 송시열의 청에 현종으로부터 정릉이란 칭호를 다시 얻었음. 서울시 성북구 정릉동 소재.

왕릉은 말한다 3
- 제2대 정종 후릉(厚陵)

누구든지 왕이 될 수 있겠으나
아무나 왕이 되어서야 쓰겠는가
아버지 잘 만나 왕자가 되고
동생 덕으로 용상(龍床)에 앉은 내가
무슨 일 할 수 있으랴
격구놀이와 사냥으로 세월 낚다가
열다섯 아들과 여덟의 딸을 두어
후손을 제일 많이 남겼어도
묘호 하나 얻지 못했다
어린 동생들 죽음 모른 체하고
쫓겨 가는 아버지 따라가지 않아
깊은 잠 이룰 수 없었고
꿈속에서도 호랑이 동생 손을 잡았다
두 해 동안 내 자리에 몇 번이나 앉았던가
신하들 눈길 차가워 마주하지도 못했다
먼저 간 왕후의 능호를 함께 쓰다가
이백 육십년이 지나 묘호를 받았으나
누구 하나 찾아주지 않는 백룡산 기슭
멀리 내려다보이는 한강 줄기마저

철조망에 칭칭 감겨
오고가는 발길 꽁꽁 묶었구나

※ 정종 : 이성계의 둘째로 태어나 방원의 난으로 왕이 되었음. 2년 만에 동생에게 왕위를 물려주고 개경에 살면서 조선의 왕들 중 제일 많은 후손을 남겼음. 죽어 능호하나 받지 못하다가 260년이 지나 숙종 때에 정종이라는 능호를 받았음. 후릉은 정종과 정안왕후의 쌍릉임. 북한 개성 소재.

왕릉은 말한다 4
– 제3대 태종 헌릉(獻陵)

나라 세운 공이 크다고
꼭두각시 임금 만든 공신 때문에
백성이 굶주려 들판을 헤매고
국경 넘는 오랑캐에 땅을 내줘야 되겠는가
오직 조선을 위하여
어린 동생 둘 죽이고
멀고 먼 함흥 땅에 아버지 모셨다
기틀이 다져지지 않는다면
무너지고 말 나라를 보고만 있으랴
처남 넷을 내치고
아들의 장인에게 사약 내린 내가
무엇을 두려워하리
먼 훗날까지 폭군으로 불린다 해도
나라와 백성을 위해 주저하지 않으리
순위 가리지 않고 세자를 뽑아
일치감치 자리 물려주고
새 임금을 위하여 초석(礎石)이 되었다가
산산이 깨어지면 어떠리
문인석과 무인석 두 배로 거느리고

대모산 중턱에 잠든 지금
사방에서 스며든 물길이 내 몸 적셔도
오백년 이어온 조선을 보며
여태까지 웃으며 지냈노라

※ 헌릉 : 태종과 원경왕후 민씨의 쌍릉. 왕릉 중 유일하게 문인석과 무인석이 두 배이고 신도비도 2개 있으며 조선왕릉 중 습기가 가장 많은 릉이다. 서울 서초구 내곡동 소재.

왕릉은 말한다 5
― 제4대 세종 영릉(英陵)

하루를 물길로 간다면 얼마나 가느냐
도성(都城)밖 백리를 벗어날 수 없는데
물구덩이 속에서 흙이 되지 못한 나를
강물 거슬러 예까지 보냈구나
부모 곁에 묻혀
솟아오르는 물구명 백골로 막고
죽어서도 은혜 갚고 싶었다
백성 구하고 나라를 튼튼히 했다한들
효도 다하지 못한다면
쌓은 공적이 무슨 소용이랴
왕이 될 수 없는 나를
어여삐 여긴 선왕(先王)께서는
형들 제치고 제위(帝位)에 올렸다
똑똑한 신하를 만나 우리글 창제하고
굳센 장수 덕에 국토를 지켜
자자손손 성군이란 칭호 받는다 해도
부모의 공덕만 하겠느냐
나는 황제가 아니었으리라
조선 천하에 제일 넓은 땅 차지하고

참도를 셋이나 두고 거닌다고
누가 황제라 불러주겠는가
넓은 잔디밭 사시사철 소나무 우거진 여기에
누구든지 찾아오려거든
대모산에 들려 헌릉 소식 가져와야 하리라

※ 참도 : 왕릉 홍살문에서 릉으로 올라가는 길. 왕릉은 어도와 신도만 있고 황제릉은 신도가 가운데 있고 양쪽에 어도가 있음. 군사정권 시절 성역화 사업을 하면서 잘못 만들어 왕릉에 황릉의 참도가 조성됐음. 영릉은 세종과 소헌왕후가 함께 묻힌 조선왕조 최초의 합장릉. 경기 여주군 소재.

왕릉은 말한다 6
― 제5대 문종 현릉(顯陵)

수양에게 말 하노라
강녕전 지붕에 흰 저고리 던져지던 날
어린 아들보다 조선의 앞날이 깜깜했다
일찍이 너에게 양위하지 않은 과실로
차마 눈 감지 못하고 용상(龍床)을 맴도느라
먼저 간 왕후 곁에도 갈 수 없었다
왕실을 튼튼하게 한다는 구실로
조카를 내친 건 눈감아 주마
누가 차지한다 해도 그 자리는 우리자리
네가 다스린다고 뭐라 하랴
상왕을 복위 시키려 했다는 이유로
충신들 죽이고 아들 목 조른 것도 용서 하마
나라를 위한다는데 어쩌겠느냐
너와 나 한 핏줄로 태어나
자손만대 이어가야 할 왕족이지 않느냐
그래도 하나는 용서할 수 없구나
조카 낳고 먼저 간 현덕왕후는 무슨 죄가 있느냐
내 무덤에 함께 잠든다 해도
말 한마디 하지 못할 왕후의 시신 파헤쳐

뼛조각 하나 없이 바닷가에 버리다니
멀고 먼 영월 땅에서 피어오른 구름이
검암산 봉우리 덮는 날마다 너를 찾지만
언제나 되돌아오고 마는구나

※ 현덕왕후는 세자빈 때 단종을 낳고 죽어 문종 즉위 후 왕후로 추종되고 소릉이란 능호를 받았다. 그러나 문종이 승하하자 문종과 함께 묻힌 합장릉으로 현릉이라고 불리다가, 단종 복위 운동이 실패한 후 서인으로 강등되어 묘가 파헤쳐지고 바닷가에 개장한다. 중종 때 73년 만에 현재의 위치로 이장, 동원이강릉(양 언덕에 하나씩 있는 릉)이 됐음. 경기도 구리시 동구릉 소재.

왕릉은 말한다 7
― 제6대 단종 장릉(莊陵)

왕방연이 갔구나
산 고개 넘어가며 불러주던 이별가
휘돌아진 강물이 삼켜버리고
물위에 어린 소나무 그림자도 높은 울타리 되어
한 발짝 가지 못하게 하는 나를 두고
말방울 떼어버린 채 가고 말았구나
태어난 다음날 어머니 여의고
책 한권 외우기 전에 할아버지 잃은 내가
아버지에게 물려받은 자리 지키지 못해
산짐승이 지키는 골짜기에 갇혀
이름마저 빼앗기고 말았다
군사들에 끌려 떠나오던 날
처마 뒤에 숨어 울던 신하들과
청계천 다리 통곡으로 흔들던 왕후는
이곳이 어딘지 알고 있을지
아무리 고함질러도
내 목소리만 들리는 여기가 대체 어느 땅인가
이대로 새가 되어 날아가면
부모님 곁에 가 닿으려나

날개 펼치려고 뛰어오르다가
그 자리에 쓰러져 숨이 멎거든
나를 강물에 띄워다오
흘러흘러 아무도 모르는 곳에 멈추면
혼자서 내 이름 부르며 살겠노라

※ 단종은 아버지 문종이 승하하고 12세에 왕위를 물려받았으나 삼촌에게 찬탈 당하고 영월에 유배 됐다가 겨울날에 교살되어 강물에 버려졌다. 왕명에 의해 아무도 건드리지 못하다가 엄홍도에 의해 안장되고, 240년 후 숙종에 의해 장릉이란 능호가 주어져 복권됐다. 강원도 영월 소재.

왕릉은 말한다 8

— 단종 비 정순왕후 사릉(思陵)

오늘도 동망봉(東望峰) 바람은 차갑사옵니다
님 계시는 영월엔 눈이 내리고
산줄기 마다 하얀 눈물 얼어붙어
소첩의 울음 그칠 수 없나이다
하루 종일 흘린 눈물 고랑타고 흐르면
온 동네 아낙들 따라 울고
조선 땅 전부가 통곡으로 뒤덮이는 게 들리나이까
우는 사람 모두가 동정곡(同情哭)이라 하옵니다
시녀가 동냥해 온 밥풀 삼킬 때마다
전하를 떠올리면 목이 막히고
여인네들 푸성귀 쌓아두고 갈 때면
가슴엔 강물이 흐르옵니다
염색으로 연명하며 몰래 올리는 제사 때
따라가려고 나섰다가
자줏골 사람들 눈길 벗어날 수 없었나이다
궁궐에서 영빈정 지어놓고
양식과 비단을 내렸으나 받지 않았사옵니다
열일곱 되던 해 건너가신 청계천 영도교는
아직 그 모습 그대로인데

어느 때나 돌아오시렵니까
일곱 왕이 새로 오르는 동안
한걸음도 하지 못한 임이시여
죽어서도 떨어져 지내야하는 소첩
사릉(思陵)이란 능호 얻어 묻혔어도
흐르는 눈물 아직도 고랑을 만드옵나이다

※ 정순왕후는 18세 되던 해 17세의 단종을 영월로 떠나보내고 숭인동 기슭에 정업원을 짓고 시녀들의 동냥과 염색일로 살다가 일곱 왕이 새로 등극하는 것을 보며 82세까지 장수한다. 동쪽을 바라보며 울었던 산을 동망봉이라 하며, 능 아래로 물이 솟아 흘러 지금도 왕후가 울고 있다고 말함. 경기도 남양주시 진건면 소재.

왕릉은 말한다 9
- 제7대 세조 광릉(光陵)

나는 등창으로 숨 쉬었다
호랑이들에 둘러싸여 눈 크게 뜨지 못하고
어린 왕 앞에 나갈 때도
신하들 허락 받아야 했다
황표정사(黃票政事)가 웬 말인가
임금을 꼭두각시로 만들어
왕숙(王叔)을 가로막고 내치려 하다니
형님의 당부 잊지 않았지만
조카를 쫓아내고 충신들 죽였다
옳지 않다는 걸 왜 모르겠는가
아무 말 할 수 없구나
꿈마다 형수가 나타나더니
졸지에 세자 잃고
등창이 막혀 갑갑해도
뚫어 달라 하지 못했노라
죽어서도 남의 땅을 빼앗고
묘지조성에 수많은 인부 동원한 나를
뭐라 부른다 해도 대답하지 않으련다
석마(石馬)가 깨져나가고

무인석 코가 비뚤어져도
내가 만든 숲에 온갖 동물 뛰어놀고
누구나 찾아와 쉬어가는 걸 보며
산 너머 건원릉 찾아다니련다

※ 광릉은 세조와 정희왕후의 동원이강릉으로 조성되었으며 왕릉 중 유일하게 석마가 깨어지는 등 훼손이 많다. 등창으로 승하한 세조는 영의정을 지낸 정창손의 선산을 빼앗아 "명당은 임자가 따로 있다"라는 말을 남겼으며 현재 국립수목원이 자리 잡고 있어 공원역할을 한다. 경기도 남양주시 진전읍 소재.

왕릉은 말한다 10
  — 덕종과 인수대비 경릉(敬陵)

홍살문 안으로 몰아친 찬바람
금잔디에 닿기만 해도 잠드는 땅
열아홉에 찾은 여기가 조선 제일 명당 아닌가
살아서 왕이 되지 못했지만
풍수(風水) 잘 보는 아버지 덕에
임금보다 좋은 자리 차지했다
꿈에 뵌 큰어머니 호통으로
두 아들 낳고 일찍 묻혔어도
아직까지 사촌형제 볼 낯이 없구나
왕이 된 아들에게 추존되어
망주석 하나 없는 무덤일지라도
나에겐 넘치는 자리
나중 찾아온 인수대비가
호화롭게 치장하고 오른쪽을 독차지했지만
눈감고 입 다물었다
며느리에게 사약 내리고
꽃 피던 날 손자에 받혀 찾아온 부인에게
높낮이 따져 무엇 하리
내가 오래 살아 며느리가 죽지 않았다 한들

이미 지나가버린 일 되돌릴 수 있으랴
사시사철 포근한 여기에
언제까지 함께 할 수 있다면
산골짜기 가득 웃음소리 넘쳐나리

※ 경릉은 왕릉 중 유일하게 여성상위 능으로 오른쪽이 대비의 능이다. 세자 때 죽은 의경세자는 추존왕일 뿐 생전의 지위가 대비였던 부인이 높았기 때문이다. 인수대비 능은 연산군이 석물들을 고의로 치졸하게 장치하여 혼유석 등에 돌문양이 없거나 희미하다. 경기도 고양시 용두동 서오릉 소재.

왕릉은 말한다. 11
- 제8대 예종 창릉(昌陵)

형의 장례식 날
아버지는 금천교 난간 붙들고
용마루 흔들리도록 울었다
머나 먼 곳으로 유배 떠난 사촌은
형의 무덤 마르기도 전에 죽임 당했다
아홉 살 어린 내가 무얼 알았겠는가
너무 무서워 나인들의 치맛자락에 숨어 지내다가
일찍 여자를 알게 되었구나
열두 살에 아들 얻고
열일곱 꽃다운 아내 잃었을 땐
하늘 올려다 볼 수 없어 처마 밑에 숨었다
꿈이 무서워 잠 못 들고
보이는 건 모두 귀면(鬼面)으로 덮쳐와
아무 때나 고함질렀다
네 살배기 아들 여의고 통곡하다
웃는 걸 잊어버렸구나
왕인들 모든 게 좋기만 하랴
농사지으며 살았다면 기쁨 알았을 걸
열아홉 살 때 능을 가진 내 혼유석에

도깨비 문양 새기지 않은 고마움 잊을 수 없고
임금이 되지 않아 오래살 수 있었던 아들 보며
웃음 다시 찾아 기쁘게 지내노라

※ 창릉은 세조의 둘째아들 예종의 능이다. 18세 때 왕위에 올랐으나 1년 2개월 만에 승하했고 12살에 아들을 얻은 기록을 남긴 왕이다. 귀면탈 새겨져야 할 혼유석 고석에 꽃무늬 같은 문양이 있고 죽기 전에 얻은 둘째 아들 제안대군은 천수를 누렸다. 경기도 고양시 용두동 서오릉 소재.

왕릉은 말한다 12

― 예종 비 장순왕후 공릉(恭陵)

아버지, 오늘은 어느 정자에 모여
무슨 정치 논하시는지요
며칠씩 나갔다 오시는 날엔
도포자락에서 피비린내 나고
시뻘겋게 변한 눈동자 무섭기만 했어요
어린 딸들 잊으시고
오직 권력 얻기에 바쁘신 아버지
죽어나간 사람들 원성(怨聲)들리지 않으시나요
초가집 방 하나에 모여 살며
한 이불 덮고 잘 때가 그립습니다
기와집에 많은 하인 거느려도
자식들 편하지 않사옵니다
왕실 며느리로 궁궐에 들어오던 날
앞이 깜깜하고 두렵기만 하여
몇 날 며칠을 뜬눈으로 지새웠습니다
이렇게 무섭고 숨 막히는 곳이 어디 있으오리까
나이 어린 지아비는 어리광 부리며 치마폭에 들고
수많은 윗분들 어떻게 모셔야 할지
나날이 어지러워 몸 가누지 못하옵니다

아버지께 보내는 사람들 원망을
소녀 어깨에 짊어질 수 있다면
차라리 편해질 것 같아 눈 감으려 해도
태어날 아기를 어찌하오리까
먼저 가는 딸 나무라지 마시고
부디 함께 사는 정치 펼치옵소서

※ 장순왕후는 한명회의 셋째 딸로 타어나 16세에 세자빈으로 간택 된 후 1년 만에 인성대군을 낳고 5일 만에 세상을 뜬다. 예종이 즉위하고 능호를 받지 못했으나 성종 때 왕후로 추존되었다. 경기도 파주시 봉일천리 소재.

왕릉은 말한다 13
- 제9대 성종 선릉(宣陵)

매화꽃 날리던 날 광나루 건너올 때
강물 넘치도록 통곡하던 비빈(妃嬪)들의 몸부림
산 위에서 훤하게 보여도
대답 한마디 하지 못했구나
젊은 날에 떠나가는 모습 어떻게 보여주랴
여기가 작은 할아버지 묘지였더냐
죽어서도 친족의 자리 빼앗아야 하다니
다 이룬 왕이라고 누가 불러주겠는가
나이 어린 숙부 제치고 왕위에 올라
할머니 치마 폭 벗어 날 수 없었고
어머니의 노여움은 왕후에게 사약을 내리게 했다
젊은 학자 등용하여 학문의 기틀 다지고
태평성대 이뤘다 한들
훗날 나에게 성군(聖君)이라 하겠는가
헛된 이름은 잠자리까지 빼앗기게 했다
임진년 왜놈들 손길에
무덤은 파헤쳐지고 어딘지도 모르는 곳에 떠내려 왔다
열여섯 아들과 열둘의 딸이 있고
손자가 왕이면 무엇 하리

내 있는 곳 알려다오
산 같은 집들이 둘러싸여
무시무시한 소리 들리는 여기가 대체 어디더냐
오늘밤도 불빛 훤한 거리에서 소리 지르지만
아무런 대답 없구나

※ 성종은 숙부 제안대군을 제치고 13살에 왕위에 올라 많은 비빈과 자손을 뒀으나 38세 젊은 나이로 승하했음. 폐비윤씨 사건으로 연산군의 폭정 원인을 제공했음. 세종의 다섯째 광평대군의 묘지를 이장시키고 릉을 조성했고, 조선왕릉 중 유일하게 도굴되어 현재 유해가 없는 상태임. 서울시 강남구 선릉동 소재.

왕릉은 말한다 14

— 성종 비 공혜왕후 순릉(純陵)

궁궐에 시집 간 언니가
아기 낳다 숨을 거뒀다는 걸 알면서도
열두 살 나이로 아버지 손에 이끌려 들어온 왕실
어른들 모시기에 숨이 막혀
해 뜨는 쪽이 어딘지도 분간할 수 없어요
나인들 걸음까지 헤아리고
윗분의 기침소리 새겨들어야 하는 나날
호랑이 같은 친정아버지까지 머리 조아려
눈을 어느 곳에 둘지 몰라 어지럽기만 합니다
지아비는 후궁들 처소에 들고
높다란 처마 끝 바라보며 홀로 지내야 하는 밤마다
휘영청 곱게 내린 달빛 가슴에 감고
눈물로 짠 옷감 몇 필이나 될지
웃으며 맞이하는 아침엔 온 몸이 굳어갑니다
여기저기 들려오는 아기 울음이 내방에선 들리지 않아
그때마다 어른들 처소에 들려
후덕하다는 칭찬 듣지만
깊어가는 병마를 이기지 못하네요
양지 바른 곳에 누워 호화롭게 치장했어도

피붙이 하나 찾아주지 않는 산기슭
산새들 보금자리가 되고
때마다 꽃동산으로 벌 나비 불러
지금도 혼자서 미소 짓네요

※ 공혜왕후는 한명회의 넷째 딸로 12살 때 성종과 혼인하고 14세에 왕비가 됐으나 수많은 후궁들 틈에서 독수공방하다가 아이 한명 낳지 못하고 19세에 운명했다. 덕이 많고 어질어 순릉이란 능호를 얻었음. 경기도 파주시 조리면 봉일천 소재.

왕릉은 말한다 15

― 폐비 윤씨 회묘(懷墓)

돌담 둘러쳐 발길 끊어진 산기슭에
솔바람 따라 이름 모를 새들 들락거려도
발치 아래 시앗들 치켜뜬 눈 내릴 줄 모르는구나
말없이 지내는 처소를 옮기고도 모자라
후궁들마저 따라오게 했는가
세상 여인네들이여
열두 살 어린 지아비 받들어 왕자를 생산하고
여덟 살 많은 시어머니 발아래 숨소리도 못낸 내가
얼마나 큰 죄졌다고 사약 받아야 했는가
명문세가 여식들 열둘이나 들어와
밤마다 혼자 지내야 했던 고통을
그대들은 짐작이나 했으랴
보잘 것 없는 집안에서 태어나
나인으로 지내다 만난 어린 임금 사랑을
독차지 하려 했다고 죽어야 하는가
금삼에 쏟아낸 피 식기 전에
넓은 궁궐 담장 밑을 떠돌았다
아들에 의해 능을 얻었다가
두 해도 못되어 다시 버림 받은 몸

이젠 낯선 땅에 묻혀 잠들지 못하는구나
누명 벗어낼 수 없어 흐느껴도
눈앞에 엎드린 후궁들이
아직도 눈을 번뜩인다네

※ 회묘는 본래 서울 동대문구 회기동에 있었으나 1969년도 경희대 공사 때 현재 경기도 고양시 용두동 서삼릉으로 이장됐고, 일제에 의해 후궁들의 묘도 릉 앞에 줄지어 옮겨졌다.

왕릉은 말한다 16
- 제10대 연산군 묘(墓)

동짓달 서릿바람 문풍지 쳐대는데
학질 걸려 죽었다고 말하는구나
명필로 이름 날려
글 하나 남겨 달라는 사신들 뿌리쳤고
수많은 시를 지어 남긴 문집이 몇 권이더냐
그런 내게 학문 싫어하고
선비 멀리한 폭군이라 하다니
동생에게 쫓겨나 떠도는 내가 할 말 있으랴
임금보다 권력이 많고
백성들 땅 모두 차지한 훈구대신들로부터
왕권을 지켜야했다
선왕의 인정으로 용상에 올라
그 뜻 이어받지 않으랴
큰어머니 겁탈해 아이 갖게 하고
국가재정 낭비한 폭군이라니
박씨부인 나이가 몇이었더냐
어머니에게 사약 내린 할머니 받아친 건 인정하마
청명제를 지내고 때마다 술 올린다고 그날을 잊으랴
한 평도 못되는 방에 갇혀

숨 한번 크게 못 쉬었다
어린 자식 죽음과 비빈들의 소식 들었을 때
창 밖 까마귀는 나를 알았으리
나지막한 언덕에 누워 통곡하여도
사방에 치솟은 집들이 가로막아
아무도 들어주지 않는구나

※ 연산군은 조선 왕들 중 시문을 제일 많이 남겼다. 반정군(反正軍)에게 문집이 불태워졌으나 왕조실록에 130편의 시가 전해온다. 큰어머니 박씨부인은 연산군보다 23살 연상이었고, 반정군은 연산군을 독살하고도 학질에 걸려 죽었다고 명나라에 보고하여 국가적인 망신을 당했다. 서울시 도봉구 방학동 소재.

왕릉은 말한다 17
 - 제11대 중종 정릉(靖陵)

어느 날 올라탄 호랑이 등은
내려오는 걸 허락하지 않았다
제왕학(帝王學)이 무엇이냐
어깨 너머로도 보지 못하고
형을 내쫓고 말았구나
할 수 있는 건 아무것도 없었다
돈화문 부서지는 날부터
사시나무가 된 왕비를 칠일 만에 버리고
인왕산 바위에 걸린 치맛자락 글귀를
한숨 쉬며 읽는 날이 몇 해던가
호랑이 등에 앉아서도
도망치며 사는 게 왕이더냐
자리 빼앗아 바쳤다고 큰소리치는 공신 쫓아내려
새로운 무리 키웠으나
모두가 저희 세력을 위한 싸움질 뿐
다시 피를 부르고야 말았다
누구에게 눈물 보여줄거나
죽어서도 뜻대로 이루지 못한 나를
못난 왕이라고 불러다오

왕자 낳다 눈감은 단경왕후 곁에 묻혔다가
시샘 많은 셋째 왕비가 파헤쳐 버리고
아버지 발아래 홀로 누운 지금
망료위 없는 홍살문 앞까지 치솟은 건물들이
눈 앞 하늘마저 가리는구나

※ 중종은 준비된 왕이 아니라서 세자만이 공부하는 제왕학을 몰랐다. 중종은 반정공신의 꼭두각시 노릇을 하다가 죽어서도 제2계비 문정왕후의 시샘을 받아 물기 많은 곳에 묻혔다. 정릉은 왕릉 중 유일하게 능에 오르며 절하고 제문을 불사르는 망료위가 유실됐다. 서울 강남구 삼성동 소재.

왕릉은 말한다 18
— 중종 비 단경왕후 온릉(溫陵)

소나무에 걸린 달 이슬 젖어 기울 때까지
바위에 기대앉아 궁궐을 바라봅니다
불러 주겠다는 다짐 귓가에 맴돌아
종일토록 서성거리고
담 넘어오는 바람에 소식 물어도
아무런 대답 없어 눈물만 흘리네요
처마 밑에서 흔들어 주던 손짓
날이 갈수록 뜸해지는 건 정사(政事)에 쫓겨서겠지요
세모시 스란치마 바위에 걸쳐두고
한 올 한 올 수놓은 연분홍 꽃잎
열두 폭 자락에 가득 채워도
아득히 먼 임이시여
온 산에 진달래 타오르고
새들의 날갯짓 한가로운데
바라다보는 곳마다 어리는 한숨
꽃잎만 날립니다
함께했던 나날 손 한번 놓지 않고 지내다가
임금 되던 날부터 멀어지고
이레 만에 쫓겨난 신첩을 영영 잊으셨는지요

임께서 볼 수 있는 바위자락에
수많은 눈물 자국 지우지 못하고
보내주신 치마로 덮어두오니
펄럭거리거든 대답해 주소서

※ 단경왕후는 신수근의 딸로 12세에 중종과 결혼했다. 신수근은 중종반정 전 혁명세력으로부터 반정을 제의받았으나 반대하여 반정 후 죽음을 당했다. 단경왕후는 이것을 기화로 7일 만에 왕비 자리에서 쫓겨났고, 사후 182년이 흐른 뒤 영조 때에 단경왕후라는 시호와 온릉이라는 능호를 받았다. 경기도 양주시 장흥 소재.

왕릉은 말한다 19
- 중종 계비 장경왕후 희릉(禧陵)

열여섯 꽃봉오리로 궁궐에 들어오던 날
한양의 우물은 철철 넘치고
울타리마다 벌 나비 훨훨 날았지요
이듬해 교태전의 주인으로
만백성의 어머니가 되었으나
아직까지도 억명(憶命)이라 이름 지은
아들 낳던 날만 떠오릅니다
너무 많은 복 받았던지
왕자 얼굴 익히기 전에 눈 감고 자리 잡은 땅
어느 산골보다 아득했지요
권력을 탐한 무리에게 파헤쳐지고 이장된 여기도
임금께서 손수 지어주었고
함께 묻히게 되어 날마다 웃었습니다
그게 무슨 죄랍니까
세상 어디에 죽은 사람 시샘하여
함께 잠든 지아비를 빼앗아 간답니까
얼굴도 모르는 후처에 의하여
왕이 된 아들이 힘들어하고
후손 하나 남기지 못한 것이 원통했어도

참고 참았던 긴긴 세월
언제부턴가 땅은 좁혀져
망아지 울음소리 넘쳐나고
산기슭 가득이 포성 멈추지 않은 여기가
내 잠든 곳 맞는지
사방에서 밀려드는 함성 멈추게 하면 안 되나요

※ 장경왕후는 인종을 낳고 7일 만에 운명했다. 처음 헌릉의 오른쪽 산줄기에 묻힌 장경왕후는 능에 물이 난다는 구실을 든 김안로 등에 의해 지금의 서삼릉으로 이장된다. 장경왕후는 이후 승하한 중종과 동원이강릉으로 함께 있었지만, 이를 시샘한 문정왕후가 중종을 선릉 옆으로 이장시키는 바람에 결국 홀로 남았다. 희릉은 현재 축협 종마장과 군부대로 둘러싸여 출입이 금지됐다. 경기도 고양시 서삼릉 소재.

왕릉은 말한다 20
- 중종 제2계비 문정왕후 태릉(泰陵)

여자가 하늘 떠받들어
천하를 다스리는 게 옳지 않다면
남자가 하는 건 옳은 일이냐
흙에 묻혀 잠든 지금도
나라의 기둥들이 모여 단련하고
총포소리 요란하게 지키고 있는 게 무얼 말하는가
능호를 태릉(泰陵)이라 칭한 것도
모두가 고개 끄덕이지 않는가
지아비가 다스릴 때나
아들이 왕위에 올랐을 때도
내 뜻 거스르지 못했다
위로는 여왕, 아래로 간신 세상이라 말해도
승려 양성하고 사찰 지어
나라의 불심을 키웠다
눈 크게 뜨면 엎드리고
큰소리 한 번에 벌벌 떠는 남정네들이
책 읽어 성현을 말한다고
백성들이 편안해지겠느냐
이루지 못한 게 없는 내가

지아비 능을 옮기고도 홀로 묻힌 지금
이 나라의 큰 인물들 다 모여들어
무인석 기상 닮아가는 걸 보며 크게 웃노라

※ 문정왕후는 중종의 세 번째 왕비로 명종의 어머니다. 조선의 측천무후라는 칭호를 얻을 만큼 권력을 쥐고 마음대로 조정을 흔들었다. 승려 보우 등을 지원하여 승려가 4천명이 넘었고 전국의 절 300곳을 지정하기도 했다. 오죽했으면 클 태자를 써 태릉이라 했겠는가. 서울시 노원구 공릉동 소재.

왕릉은 말한다 21
- 제12대 인종 효릉(孝陵)

창밖 스쳐가는 달빛소리 가깝게 들리고
추녀자락 그림자 어른거리는 밤
솜털 한 가닥 흔들지 못하는
아버지 숨결 어찌하오리까
살 베어 미음 끓이고
피 뽑아 채워 드리면 일어나실지
찬물 목욕으로 제 올리며
밤새 달여 올린 탕약
한 방울 넘기시지 못하고 떠나시오니
궁궐이 무너지고 인왕산이 흔들리옵니다
칠일 만에 어머니 여의고
궁녀들 손에 키워지며 이룬 학문
부모님 아니 계시면 어디에 쓰오리까
만학(萬學)을 다 알고
세상 이치 빠짐없이 깨우쳐도
효행은 으뜸이오, 근본이온데
한분도 지키지 못한 불효 어찌하올지
소자의 몸 연기 없이 활활 타오릅니다
나라와 백성 위한 임금보다

부모 위해 목숨 바친 아들로
길이길이 남아 곁을 지키겠나이다
계모의 시샘으로
묻혀서도 아버지를 잃은 지금도
강남땅 봉은사에 가고 싶으나
기다리는 북서풍 언제나 불어올는지요

※ 인종은 조선 왕들 중 효행이 으뜸이었다. 아버지 중종이 승하하자 엿새 동안 미음도 들지 않고 다섯 달 동안 울음 그치지 않고 죽만 마시며 소금과 간장을 먹지 않았다. 너무 슬퍼하여 병을 얻었고 조선 임금 중 제일 짧은 재위 8개월 만에 운명한다. 아버지 곁에 묻혔으나 문정왕후가 이장해버려 홀로 남았다. 효릉은 인종과 인성왕후의 쌍릉. 경기도 고양시 서삼릉 소재.

왕릉은 말한다 22
― 제13대 명종 강릉(康陵)

나는 임금이 아니었다
형님 죽게 하고 왕자의 씨를 말린 어머니가
왕 중 왕이었다
어린 나이로 걸맞지 않은 자리에 앉아
신하들 목소리만 듣고
어머니 눈길 벗어날 수 없었다
마루에 서서 종아리 맞아가며
인정전 처마 들썩이도록 꾸지람 듣다가
남산 봉우리 바라보며 한숨짓던 나날
여름에 서리 내리고
산골마다 도둑 들끓어
어디를 봐도 어둡기만 했구나
왕족이라는 이유로 죽어나간 형제들에게
무슨 말 할 수 있으랴
일으킨 피바람 잠재우지 못한 죄로
하나뿐인 세자 일찍 잃고
어머니 뒤따라 곁에 묻혔어도
아직 치마폭 벗어날 수 없는 몸
수많은 사람 들락거려도

내 무덤 앞엔 아무도 찾지 않아
오늘도 무성한 소나무 그늘에 숨어
어머니의 호통 듣는구나

※ 명종은 중종의 둘째로 문정왕후의 아들이다. 인종이 죽자 12세의 나이로 왕위에 올라 어머니의 회초리를 맞으며 지내다가, 문정왕후가 죽은 뒤 2년 만에 34세로 승하한다. 세자를 일찍 잃고 후사가 없으며 죽은 뒤에도 어머니 릉에 가려 태릉 뒤에 강릉이 있다는 걸 모르는 이가 많다. 강릉은 인종과 인순왕후의 쌍릉. 서울시 노원구 공릉동 소재.

왕릉은 말한다 23
　　　　　— 제14대 선조 목릉(穆陵)

담 허물고 창문 열어둔 채
숨소리 감추고 고개 숙였던 나날
꿈속에서도 빌어야 했다
서슬 퍼런 왕대비 호령 한마디에
유배지로 끌려가 죽임당한 왕자들
어느 산기슭에 이름이나 남겼는지
산마루 위로 치솟은 용마루 아래서
비단이불 덮고 불러보지만
아무도 대답하지 않는구나
숨어살다 얻은 용상 삐거덕거려
줄지어선 대신들 눈빛 맞받지 못하고
관악산 봉우리 타오르는 걸 알아챌 수 없었다
왜적에 쫓겨 임진강 건너던 밤
빗속을 뚫고 들려오는 백성의 고함소리
화살보다 깊이 가슴에 박혀도
숨 한번 고르지 못했다
옷가지 한 벌 챙길 수 없던 임금이 무슨 말 하랴
잿더미 속에서 주춧돌 찾아
반쪽짜리 궁궐 다시 지었어도

등 돌린 신하들 대답 가물가물하다
석물하나 제대로 갖추지 못하고 묻혀
온갖 비바람에 시달리는 지금도
누구하나 찾아주지 않는 외진 곳에서
내 부름은 허공을 맴돌기만 하고
두 왕후의 대답 겨우 듣는다

※ 선조는 조선 왕들 중 최초의 후궁소생으로 왕에 올랐다. 문정왕후의 탄압에 중종의 아홉 아들 중 유일하게 살아남아 왕이 될 수 있었다. 임진왜란을 격은 후 왕권이 떨어져 이후부터 왕실의 쇠퇴가 시작됐다. 죽은 후에도 능이 옮겨지는 수모를 당하고 두 왕후와 함께 묻히는 격에 없는 능이 됐다. 목릉은 동원이강릉으로, 능을 바라볼 때 왼쪽에 선조, 중간에 의인왕후, 오른쪽에 인목대비 순으로 잠들어 있다. 경기도 구리시 동구릉 소재.

왕릉은 말한다 24
— 제15대 광해군 묘(墓)

빼앗긴 자도 할 말은 있느니
폭군이라 하고 패륜아라 불러도
무능한 왕이었다고 말하지 말라
전쟁의 잿더미 속에서
밀려드는 오랑캐 달래 보내고
잃었던 왕권 바로 세우려한 나는
쫓겨나야 할 이유가 없었다
앞장서서 군사 끌고 온 조카의 얼굴이
어찌 짐승을 닮았단 말이더냐
갇혀있던 아들과 며느리가
담 밑에 구멍 뚫다 자진하고
왕비마저 세상을 뜬 뒤
시종이 영감이라 부르는구나
묶여 지내는 몸이
뭐라 불리고 어디 간들 어떠랴
어머니 곁에 묻혀 시 한수 남기노라
"부는 바람에 뿌리는 비 성문 옆을 지나고
후덥지근한 장독에 백 척으로 솟은 누각
청해의 파도 속에 날은 이미 어둡다

푸른 산에 슬픈 빛은 싸늘한 가을 기운이고
가고 싶어 왕손초를 신물 나게 보는데
나그네 꿈 자주 제자주에 깨인다
고국의 존망은 소식조차 끊어지고
연기 깔린 강물결 외딴 배에 누웠구나"

※ 선조의 후궁 소생인 광해군은 전쟁 때 공을 세웠으나 아버지의 시기 심으로 세자에서 쫓겨날 뻔하다 왕위에 올랐다. 뛰어난 외교술로 전쟁을 피하지만 능양군의 반정으로 쫓겨 강화도 태안, 제주도 등으로 유배됐다가 67세 때 제주도에서 죽는다. 어머니 공빈 김씨의 성릉(광해군이 폐위되자 나중에 '성묘'로 강등) 옆에 묘가 있으며 비공개 능이다. 경기도 남양주시 진건읍 송능리 소재.

왕릉은 말한다 25

― 정원군(원종) 장릉(章陵)

없는 이름 새로이 지어 큰소리로 부른다고
누가 머리 조아리랴
남의 땅 빼앗아 차지한 산기슭에 햇살 쌓여도
이불 속에서 벗어날 수 없구나
역모 죄로 몰려 죽은 둘째 아들 눈자위
따뜻하게 쓸어주지 못하고 지낸 나날
치솟는 혈기 갈앉힐 수 없었다
왕이 된 아들이
할아버지를 아버지라 불러야 하고
아버지를 백부라 불러야 한다는
신하들 말싸움에 시달렸을 때
흙 속에서 지른 통곡 누가 알리요
승려와 봉화군(棒火軍)이 모여들어
가로막는 백성들 물리치고 무덤 쌓던 날
계양산 구름만 바라봤구나
양지 바른 곳에 천장되어 능호를 얻었다고
무엇이 달라지는가
지나는 사람마다 손가락질 하고
뒷산 봉우리 상투 잘라지고 말았다

사시사철 잔디 무성하여 아늑하지만
커다란 혼유석이 눈앞을 가리고
배불뚝이 석상의 눈동자엔
오늘도 비웃음이 가득하구나

※ 원종은 인조의 아버지로써 일찍 죽었으나 인조가 반정으로 왕위에 올라 추존한 왕이다. 신하들의 반대로 13년 동안 추존되지 못하다가 능호를 얻었지만 왕릉으로써의 격식은 갖추지 못했고 혼유석과 무인석이 너무 커 웃음거리가 되고 있다. 장릉은 원종과 인헌왕후의 쌍릉. 경기도 김포시 시청 뒤 소재.

왕릉은 말한다 26
- 제16대 인조 장릉(長陵)

세 번 절하고 아홉 번 머리 찧던 날
삼전도 물살은 출렁거림 멈추고
남한산성 새들 날개 접었다
오랑캐에 쫓겨 다니던 백성들의 꾸짖는 소리
강 건너까지 들려와 고개 들지 못했다
어느 하늘 아래
바위에 꿇어 머리 조아린 임금 있었던가
전쟁 막아낸 왕 쫓아내고 차지한 궁궐에서
산봉우리로 내몰려 흘린 눈물
아무도 닦아주지 않는구나
두 번이나 난리 치루고
볼모로 갔다 돌아온 세자를 죽인 내가
무슨 말 한들 들어주랴
백성들 묘 강제로 이주시키고
인열왕후 능을 만들 때는
눈 감고 귀 막아야 했다
전란을 치룬 임금이라고
돌덩이에 가로막혀 꼼짝 못하는 지금도
나를 보면 속 끓이는 사람들이 뱉는 침

어떻게 할 줄 몰라 고개 숙일 뿐
찾아오지 않아도 두려운 광해군과
꿈마다 달래줘야 하는 아들의 넋을 위해
흙 속에서 눈 감을 수 없구나

※ 인조는 동생을 죽인 광해군을 반정으로 몰아내고 왕위에 올라 청나라
의 침입을 두 번이나 받는다. 서양문물을 들여와 백성들의 신임을 받
는 소현세자를 시기하여 독살시키고 후세까지 손가락질 받는다. 전란
을 겪은 임금이라 하여 선조와 함께 무덤에 병풍석을 둘렀다. 장릉은
인조와 인열왕후의 합장릉. 경기도 파주시 탄현면 소재.

왕릉은 말한다 27
― 인조 계비 장렬왕후(자의대비) 휘릉(徽陵)

열여섯 꽃봉오리로
마흔네 살 신랑 맞으러 궁궐에 들어가던 날
손 놓으며 미소 짓던
아버지의 눈빛 잊을 수 없습니다
정치가 무엇이기에 자식 떠밀어 보내고
사람들 불러 모아 패를 짜는지
죽는 날까지 알 수 없네요
스물여섯 홀로 될 때까지
후손하나 두지 못해 찾는 이 없어도
처소엔 웃음소리 가득했습니다
권력을 가진다 하여 무엇을 얻고
높은 자리 차지한다고 영원히 사는가요
백성을 위한 정치하지 못하고
붕당 만들어 당파 싸움만 한다면
나라가 바로 설 수 있겠어요
젊은 나이에 대비가 되어
국상 중 상복을 삼년 입으나 일 년 입으나
무엇이 달라지는지
자신들 주장 굽히지 않으려고

피 부르는 말싸움 하는 정치꾼들
무슨 죄목으로 다스려야 하는지요
힘없이 가만히 있는 나를
4대에 걸쳐 들볶는 무리들에게
무덤에 누워 타일러도
5칸이나 되는 정자각 앞에는
자기 말 하는 사람들만 줄서있네요

※ 인조의 계비 장렬왕후는 15세에 44세의 인조와 혼례를 올리고 26세 때, 불과 다섯 살 많은 효종의 대비가 된다. 젊은 효종이 죽자 국상 중 상복을 몇 년이나 입어야 하는가라는 예송논쟁 등으로 시달림을 받았고, 후손 없이 4대에 걸친 왕위계승을 보며 67세로 운명했다. 경기도 구리시 동구릉 소재.

왕릉은 말한다 28
- 비운의 왕자 소현세자 소경원(昭慶園)

물밀듯 몰려오는 오랑캐에 맞서
화살 한 번 쏘지 못하고 남한산성에 올라오던 날
따라나서지 않는 백성의 눈빛이
삐뚤어진 용상에 가시로 박혔나이까
삼전도 한가운데 항복의 비문을 새기고도
모래밭에 엎드려 절하는 모습 만 백성에 보이며
비틀비틀 살곶이 다리 건너오던 모습을
자식 머리에서 지우지 못하고
어찌하여 죽으라 하시온지요
동생 앞세우고 세자빈과 어린 자식 따르게 하여
머나먼 심양 땅 오랑캐 처마 끝에 봇짐 풀던 날
활촉마다 새긴 맹세 만리장성을 넘었습니다
다시는 엎드리지 않기 위해 앞선 문명 받아 읽히고
굶주리는 백성을 도와 농토 일군 것이
청나라에 붙어 욕심 채우려는 짓이라 하오면
조선의 영토는 어찌하리까
모내기와 길쌈에 하루를 보내고
촛불아래 바느질하던 세자빈의 손길이
피륙으로 변했나이다

넘보는 눈길 멈추지 않는 오랑캐를 달래가며
거짓 웃음으로 얻어온 벼루 하나가
용상의 노여움을 사고 죽음 맞이할 줄
절 받던 오랑캐는 알았을까요
학질에 걸린 병자라 내침 받고
퍼렇게 불린 몸으로 관 속에 들어 못 박히는 순간
조선의 정통은 끊겼나이다
깜깜한 세상에 들어 바라본 하늘이 한 층 더 높아도
연약한 세자빈과 힘없는 자식들은 어찌하옵니까
남향을 등진 북풍받이 땅에서 바라 본 나라가
억새풀 보다 위태롭기만 하옵니다

※ 소현세자는 인조의 맏아들로 어릴 때 세자로 책봉 받았으나 병자호란을 겪으며 시련을 겪다가 자진하여 오랑캐의 볼모로 세자빈과 동생인 봉림대군을 동행하여 잡혀가 청나라에서 서양문명을 받아들이고 나라를 위해 외교활동을 주력하다 9년 만에 돌아왔으나 인조의 노여움을 사서 의문의 죽음을 당한 비운의 왕자이다. 사후에 세자빈도 사사 당하고 세 아들이 제주도로 귀양 가서 두 아들은 의문사하고 막내아들만 간신히 살아남았으나 22세에 요절하고 말았다. 경기도 고양시 서삼능 뒤편 북쪽을 향하여 오랑캐를 지켜보고 있음

왕릉은 말한다 29
- 소현세자 민희빈 영회원(永懷園)

오랑캐에 짓밟힌 나라 세자빈으로
볼모로 잡혀간 석 삼 년 세월 보다
구중궁궐 처마끝에 감긴 달빛자락 바라보며
하룻밤 보내기가 더 서러운 까닭은
한 몸에 지닌 역경의 발자국이 무서웁기 때문입니다
우의정의 딸이라고 불러들인 것이
억지로 엮은 길을 앞서가라는 것이었는지요
삼전도에서 올린 치욕의 큰절
만백성과 자식들에 부끄러웠다면
화냥녀의 옷자락 여며쥐고 귀향한 며느리가
자랑스럽다고 반겨줘야 옳지 않았는가요
오랑캐 앞잡이라고 큰 자식 죽이고
후궁에 놀아나 며느리에게 뒤집어씌운 죄목도 모자라
손자들까지 귀양 보낸 할아버지가 이 세상에 어디 있답니까
사약 들고 찾아든 궁녀들 눈두덩이
퉁퉁 부어 울먹인 사연은 조선천지 그 누가 모르겠나요
딸 바친 충신 부관참시하고
집안을 풍지박살 낸 전하의 가슴 속엔 짐승이 사는가봅니다
바람이 머물다가는 구름산 골짜기에

날마다 전해오는 자식들 안부 귀 새겨듣다가
차마 눈 못 뜬다는 소식에 다시 한 번 자지러지던 날
궁궐 용마루에 내리친 벼락
한 맺힌 며느리의 호통이라면 믿겠는지요
울타리에 꽁꽁 묶인 골짜기 아래
자식 위해 심어진 자귀나무 너울너울 꽃 필 때마다
하나하나 이름 부르며 지내다가도
퍼렇게 멍든 세자저하 떠올리면
그 날 내린 불벼락 또다시 불러댑니다

※ 영회원은 인조의 며느리 소현세자 빈 강씨(1611—1646)의 무덤으로, 병자호란 때 세자와 봉림대군 등과 청나라에 볼모로 끌려갔다가 9년 만에 귀국한 세자가 인조의 미움으로 죽음을 맞이하고 후궁들의 모함으로 세자빈마저 사사 당한 뒤 자식들마저 제주도에 유배되어 죽음 맞이하고 집안까지 망한 조선 역사에 가장 비운의 무덤이다. 숙종 때에 복권 하였고 고종 때 영회원이라는 능호를 받았으나 홍살문 하나 없는 초라한 모습으로 우적한 골짝에 있다. 경기도 광명시 노온사동 141-20 소재

왕릉은 말한다 30
- 제17대 효종 녕릉(寧陵)

누가 청나라를 친다 했는가
살기 위하여 머리 조아렸다가
왕이 되려고 큰소리 쳤다
볼모로 갔던 형님이
아버지가 던진 벼루에 맞아 누웠다 독살되고
어린 조카들마저 유배지에서 죽임 당했을 때
먹구름 덮인 궁궐에서 숨죽여야 했다
달밤 소나무 그림자 창문에 어려도
누가 찾는지 놀라 움츠리고
신하들 눈길 피하며 지낸 세월
임금이 됐다고 잊히겠는가
있는 자에게 많은 세금 내라 한다고
물러서지 않는 신하들 무슨 수로 다스리랴
남인과 서인으로 나뉘어 다투는 무리를
북벌이라는 명분(名分)으로 앞세웠다
누가 임금인지 모르고
거침없이 말하는 사림(士林)의 우두머리를
한 번도 이기지 못했구나
얼굴에 종기 하나 났다고

수전증 걸린 의원에게 침 맞다 죽었다 하면
그 누가 믿어주랴
퍼렇게 부은 몸으로 깨진 관에 들었다가
세종 할아버지 곁에 누운 지금도
신하를 다스리지 못한 게 원통하여
한양 하늘 바라보며 뜬구름 잡는다

※ 효종은 소현세자와 함께 청나라에 볼모로 잡혀갔으나 형의 반대편에 서서 왕위에 오른다. 정통성이 없어 재위기간 10년 내내 신하들의 기세를 꺾지 못하다가 송시열과 기해독대를 한 뒤 의문사를 당했다. 퍼렇게 시신이 부어 관을 고쳐가며 장례를 치렀다. 영릉(寧陵)은 효종과 인선왕후의 동원상하봉으로 경기도 여주시 세종대왕 영릉(英陵) 옆에 있다.

왕릉은 말한다 31
– 제18대 현종 숭릉(崇陵)

나에게 다시 임금 노릇 하라 하면
유림(儒林)의 우두머리가 되겠다 하리
예송(禮訟)이 무엇이드냐
며느리 장례에 시어머니 상복 입는 기간이
삼년이면 어떻고 일 년이면 무엇이 다른가
임금의 말엔 귀 막고
반대파 눈빛만 살피는 선비들 말싸움에
일곱 해를 헛되이 보냈구나
오랑캐 나라에서 모래바람 맞으며 태어나
억지로 왕위에 올랐다고 허수아비더냐
내 나라 내 법도를
주자학 내세워 태워버린 무리들
어느 울타리에 잡아 가두랴
경연(經筵)장에 나가 한마디도 못하는 내가
누구를 다스리랴
무섭기 짝이 없는 마누라 눈치 보며
후궁하나 두지 못했다
흰 구름 떠가는 방지원도(方池圓島)에
팔작지붕 정자각 세우고 묻혔어도

아직까지 사대부(士大夫) 논쟁 들려오고
왕후의 고함소리 귓가를 어지럽혀
스쳐가는 바람에도 잠 못 이룬다

※ 현종은 조선 왕 중 후궁이 없다. 명성왕후의 기세가 너무 강했기 때문이다. 재위 15년 동안 사대부들의 예송논쟁에 휘말려 정치를 제대로 하지 못했다. 숭릉의 정자각은 조선왕릉 중 유일하게 팔작지붕이고, 양옆에 익랑을 하나씩 더 세웠다. 숭릉은 현종과 명성왕후의 쌍릉. 경기도 구리시 동구릉 소재.

왕릉은 말한다 32
- 제19대 숙종 명릉(明陵)

말 많은 자 말로 다스리고
무리가 커지면 옥사(獄事)로 흩트려도
신하들 고개 수그러지지 않는구나
열네 살에 임금이 되어
호랑이 같은 어머니 앞에 섰을 때도
한 발짝 흔들림 없던 나는
왕비까지 내세워 왕권을 지켰다
자식 못 낳는다고 인현왕후 내친 기사환국으로
노론 세력 무너뜨렸고
폐비를 복위시킨 갑술환국으로
남인을 몰아쳤다
세자 낳은 희빈에게 사약 내릴 때도
따르는 무리들의 눈빛 살펴
발아래 무릎 꿇게 했다
대동법 시행하여 국고 채우고
여섯 번이나 화폐 주조하여 상업을 번창시켰다
울릉도가 뉘 땅이더냐
왜적무리 오르는 것 금지시키고
우리 깃발 꽂지 않았더냐

내게 애증편향(愛憎偏向)이 심하다고 하지마라
군부대에 둘러싸인 아늑한 언덕에
초라한 석상 거느리고 묻힌 지금도
내쫓은 장씨 다시 불러
세 명의 왕비와 함께 옛이야기 나누며 지낸다

※ 숙종은 자신과 아들 둘을 합하여 조선왕조 500년 중 102년간을 다스린 왕이다. 재위기간 내내 정치적인 환국과 옥사를 의도적으로 일으켜 왕권을 다시 찾았고 국방과 경제, 문화를 번창시켰다. 명릉은 능을 바라볼 때 왼쪽에 제2계비 인원왕후의 단릉이 있고, 오른쪽에 숙종과 제1계비 인현왕후의 쌍릉이 있는 독특한 모양새로 왕릉 중 문무인석이 제일 작다. 원비 인경왕후의 익릉과 함께 경기도 고양시 서오릉 소재.

왕릉은 말한다 33
― 숙종 비 인경왕후 익릉(翼陵)

왕릉보다 화려하게 치장한 능이라고
누구나 올려다보지 않더이다
지아비보다 먼저 죽어야
좋은 자리에 정자각 세우고
편안히 잠 들 수 있다는 말 하지마세요
명문 집안에서 태어난 덕으로
어렸을 때 궁궐에 들어와
열여섯 나이에 왕비가 되었다고
복 많은 여자라 부르지 말아요
옷 입고 머리 올릴 때마다
시중드는 손길 있어도 너무 힘들어
남 몰래 흘린 눈물 닦지도 못한답니다
동갑내기 임금은 일찍 철들어
정사(政事)에 밝았어도
처갓집 권세 누르려고 찾지 않았는지
자식 하나 두지 못 했지요
날마다 치성 드리며 단장 했어도
내 몸에 찾아든 건 천연두 뿐
지아비 얼굴 한번 못 봤지요

죽어서까지 집안 입김으로
다섯 칸 정자각 높이지어
연꽃무늬 석물 두르고 지내지만
홀로 있는 여자가 뭘 할 수 있나요
솔바람 맞으며 흰 구름 세어 보다가
가까이 있어도 오지 않는 임 불러봅니다

※ 인경왕후는 김장생의 후손 김만중의 형제 김만기의 딸로 명문세가 출신이다. 열 살 때 세자빈으로 궁궐에 들어가 열여섯 살에 숙종의 왕비가 되었으나 20세 때 후손 없이 천연두에 걸려 죽었다. 김장생의 제자 송시열 등의 입김으로 서오릉에서 가장 화려하게 릉이 조성됐다. 경기도 고양시 서오릉 소재.

왕릉은 말한다 34
― 숙종 후궁 장희빈 대빈묘(大嬪墓)

앙다문 입에 재갈 물리고
핏발선 목구멍으로 부자(附子)탕 넘어갈 때
아무것도 보이지 않았다
귀청 찢는 호통과 울음 속에서
하얗게 뚫린 길만 보였다
궁녀로 들어오던 날부터
그늘 피하고 꽃 웃음지어
임금 처소에 불려간 날 밤
하늘의 별 모두 내게로 와
꺼지지 않을 듯 반짝거렸다
승은(承恩) 입었다고 종아리 맞고
온갖 모함에 시달렸어도
왕자 가질 때까지 참고 참았던 나날
하늘은 뉘 편 이었던가
왕비 되어 지낸 몇 해만에
별채로 쫓겨나 눈물로 보내고
또 다시 씌운 굴레 벗지 못했다
눈 감으며 붙잡은 아들의 씨주머니
그날 터지지 않았다면

조선 역사는 달라졌으리
강 건너 먼 곳에 묻혔다가
지아비 곁에 옮겨온 지금도
웃음소리는 동쪽 골짜기에서만 들려오고
나는 바위에 기대어 하늬바람 기다린다

※ 장희빈의 대빈묘는 경기도 광주시 오포읍 문형리에 있었으나 1969년도 무슨 연유인지 서오릉 서쪽 끝으로 옮겨졌다. 아들인 경종이 옥산부대빈으로 추존해 대빈묘라 불린다. 경기도 고양시 서오릉 소재.

왕릉은 말한다 35
― 숙종 후궁 숙빈 최씨 소령원(昭寧園)

말머리고개 방울소리 들리고
고령산 봉우리에 꽃구름 걸쳤다
아흔 아홉 칸 시묘 살이 집 지어놓고도
때때로 찾아오는 아들을
용트림하는 고갯길 새들이 반긴다
세숫물 떠다주는 무수리로 뽑혀
초막살이 식구들 봉양하다가
달빛에 드러나 찾아온 승은(承恩)으로
얻은 아들 셋 중 임금도 있었으니
눈 감은 뒤라도 얼마나 좋으냐
명당 중 명당에 누워 바라보는 하늘
아무도 알지 못하리
조상 무덤에 비(碑)하나 없어도
네 개의 비석 치장하고 잠든 언덕에
비바람 몰아친 날 언제였던가
묘에서 원으로 승격되는데 십년 걸리고
왕비로 추존되지 못했어도
육상궁(毓祥宮)에 들어 재를 받으니
먼 훗날까지 잊히지 않으리

친필로 비 세운 아들이
신도비 거북머리에 새긴 왕(王)자를 보며
추존 받지 못한 능호 잊고 지낸다

※ 소령원은 영조의 어머니 숙빈 최씨의 무덤으로 영조가 즉위하여 왕후로 추존하려 했으나 신분제도에 묶여 실행하지 못했다. 영조의 친필 비석 2개가 있고 거대한 신도비가 위용을 자랑한다. 육상궁은 후에 영친왕의 어머니가 추가되어 칠궁으로 보존되고 있다. 경기도 파주시 광탄면 영장리 소재.

왕릉은 말한다 36
— 제20대 경종 의릉(懿陵)

뜯긴 문짝에 짓눌려
사약 마시고 눈 못 감는 어머니 손잡던 날
열네 살 어린 피 거꾸로 돌았다
나의 상징 거두어갔다고
누구에게 말하랴
담장 무너지도록 큰소리치시는 아버지 눈빛 아래
숨 죽여 고개 숙였을 뿐
눈앞에서 숨겨둔 어머니 넋을 품고
누워 지내며 꾼 꿈 아직 깨지 못했다
탕약과 침 맞으며 보내는 동안
문설주에 기대어 고변(告變) 들을 때마다
시구문(屍柩門)으로 끌려 나간 신하 몇이나 되는지
연이어 일어난 사화에
수백 명이 죽어갔어도
아직까지 말 한마디 전하지 못했구나
천장산 언덕에 묻히던 날
동구 밖까지 따라오며 불러댄 소리 듣고도
누구 외침인지 알면서 대답 못한 죄로
정자각 앞까지 파헤쳐져 연못이 되고

세작(細作)들 몰려들었는가
허물어진 재실 터에 흉물 들어서
밤마다 울음소리 들려 귀 막았다가
다시 열린 천장산 봉우리 인기척에
막혔던 숨결 겨우 터졌구나

※ 경종은 장희빈의 아들로 어머니에 의해 고환을 잃어 후손이 없다. 병약하여 활동하지 못하다 33세 때 왕위에 올랐다 37세에 승하했고 재위 4년간 2번의 사화로 수백 명의 신하들이 죽었다. 1962년도 중앙정보부가 자리 잡아 능이 훼손됐고 1995년도부터 복원 중이다. 의릉은 경종과 계비 선의왕후의 동원상하봉. 서울시 성북구 석관동 소재.

왕릉은 말한다 37
― 경종 비 단의왕후 혜릉(惠陵)

인정전이 쩌렁쩌렁 울리고
시어머니 돌아가시던 날
한 발짝 나가지 못하고 울기만 했지요
궁녀들 흐느낌 속에서 들려온 비명
누구 것인지 모른 채 귀 막았어요
씨 없는 서방님 모시고
숨죽이며 지낸 여자를 아시나요
열한 살에 세자빈 되어 집 떠나오던 날
어머니가 흘린 눈물 마르기 전에
절하고 옷 입는 걸 익혀야 했답니다
웃전 섬기느라 눈 아프고
서방님 병간호에 여념 없어
눈물 한 방울 떨구지 못했지요
달밤엔 창살 그림자 이불삼고
비 내리는 날 반짇고리 끌어안아
터지는 울음 달랬답니다
눈 감고 십년 귀 막아 십년
세자빈으로 보낸 스물 두해 동안
속 깊이 쌓인 말 곪아 터졌나 봐요

동구릉 끝자락에 누운 지금
죽어서 얻은 왕비존호 누구하나 불러주지 않아도
새로이 지은 홍살문 너머
천장산 흰 구름이 날 불러주네요

※ 경종의 원비 단의왕후는 11살에 간택되어 22년이나 세자빈으로 있으면서 병약한 세자와 윗전을 잘 모셔 효행을 다했다. 경종이 왕위에 오르기 전에 죽은 단의왕후는 사후 왕비로 추존돼 혜릉이란 능호를 받는다. 경기도 구리시 동구릉 소재.

왕릉은 말한다 38
- 제21대 영조 원릉(元陵)

아버지 굶겨 죽인 할아버지라고
파묘(破墓)자리 찾아 무덤 만든 손자를
무슨 말로 달래주랴
홀로 잠든 정성왕후 밤마다 찾아가도
내 자리는 여전히 비었구나
고개 들지 못하고 낮춰야 했던 나는
태어날 때부터 그늘에 숨는 걸 배웠고
어머니 신분 높아지기를 기다렸다
임인옥사 일어나던 해
수백 명 신하들이 죽어가며 전해준 말
한 마디도 잊지 않아 살 수 있었다
왕위에 올라 제일 먼저 한일이 무엇인가
탕평책(蕩平策)펼쳐 다스렸지만
살얼음 정국(政局)으로 치닫다가
마흔넷에 얻은 아들 죽이고 말았다
뒤주 속에서 들리는 신음 소리와
어린 손자 울부짖음 모른 체 하고
나라를 위해 한 일이였다고 빌던 날
아무도 따라주지 않더구나

아들 죽인 죄 어떻게 씻으랴
살았을 때 자리 잡은 명당에 묻히지 못하고
할아버지 뒷자리 차지한 지금
때때로 날아 든 새가 웃고 있는 무인석 머리에
화성 소식 남기고 가는 걸 읽으며
골짜기 채워지도록 눈물 흘린다

※ 영조는 위태로운 옥사를 겪으며 왕위에 올라 의심 많고 남을 믿지 않는 왕이었다. 영조는 재위 52년간 왕권확립에 노력했고 많은 업적을 남겼지만 사도세자를 죽였다는 이유로, 정조에 의해 자신이 자리 잡은 홍릉에 묻히지 못하고 효종의 파묘자리에 잠들었다. 원릉은 영조와 계비 정순왕후의 쌍릉. 경기도 구리시 동구릉 소재.

왕릉은 말한다 39

― 영조 비 정성왕후 홍릉(弘陵)

곡장(曲墻)안에 드러누워 햇볕 받아도
비어있는 우허제(右虛制) 바람 일어
서리 내린 듯 차갑습니다
뒤 따라 오신다는 다짐 잊으시고
어느 곳에 계시온지
손꼽아 기다린 날이
솔잎보다 많아 헤아리지 못합니다
어둠 짙어지고 고개 숙인 임을
열세 살에 만나 함께 한 오십여 년
울며 지낸 날이 얼마였는지요
가로 막힌 장막 거두고 임금 되던 날
면류관 쓴 모습 보며 울었던 일
엊그제 같이 떠오르네요
그 많은 복 중 자식 복 없어
치성 드리며 기다린 교태전 문
몇 년이나 활짝 열렸는지요
밤마다 베틀에 앉아 짠 무명천
아직 허공에 펄럭이네요
언젠가 오신다기에

그 모습 그려놓고 꿈 꾼 나날 몇 해인지
오늘도 높다란 언덕에 홀로 누워
빈자리 더듬어 보지만
오시지 않는 임 소식도 없네요

※ 정성왕후는 13살에 11살의 연잉군과 혼례를 올려 세자빈이 되었으나 자식하나 낳지 못하고 66세에 죽는다. 영조는 홍릉을 조성하며 자신의 자리도 함께 만들어 곡장을 둘렀으나, 할아버지를 미워한 정조는 영조를 파묘자리에 장사 지내 버렸다. 그래서 홍릉은 쌍릉 자리지만 오른 쪽이 비어있는 단릉이다. 경기도 고양시 서오릉 소재.

왕릉은 말한다 40

― 효장세자(진종) 영릉(永陵)

짓누르는 흙더미 치워주고
내 맘대로 훨훨 날게 해주세요
열 살 때 잠든 나를
돌 울타리 없이 산더미로 덮어두고
왕이라 불러주지만
고개 숙이는 사람 없습니다
왕실에 태어난 게 잘못이었던지
장가든지 한 해만에 눈감고
명당이라 자리 잡은 땅에 누웠어도
숨 막혀옵니다
후손 없이 묻혀 아무 말 안했는데
아들이 웬일인지
아버지가 죽인 동생 아들 입적시켜
임금 자리에 올리고
대 이어 조상으로 모신다면
어떤 이가 고개 끄덕일는지
어린자식 보낸다며 시민당(時敏堂)에서 곡하고
집영문(集英門)까지 나왔던 아버지
너무 멀리 계시옵니다

대왕으로 모자라 황제 칭호까지 받았으나
누가 절하고 알아줄지
지어 붙인 이름 지워버리고
어디든지 날아가고 싶어요

※ 영조의 맏아들인 효장세자는 사도세자의 배다른 형으로 9세에 장가든 뒤 10세 때 죽었다. 효장세자를 왕으로 추존하라는 영조의 유지를 받들어 정조가 진종으로 추대하였고, 고종황제 때 다시 진종소황제로 추존하였으나 난간석과 무인석 등이 없다. 영릉(永陵)은 효장세자와 효순왕후의 쌍릉. 경기도 파주시 봉일천리 소재.

왕릉은 말한다 41

― 사도세자(장조) 융릉(隆陵)

아무것도 무섭지 않았다
어둠 속에서 들리는 내 목소리 두려워
귀 막고 몸서리쳤을 뿐
뚜껑 덮이고 마지막 못 박힐 때까지
손톱 빠지고 피멍 들었어도
아버지 한번 부르지 않았다
열 가지 비행 읊어 내린 나경언은
눈길 피해 숨어버리고
어머니와 장인까지 외할아버지 손잡고 등 돌려
살아날 구멍은 어디에도 없었다
어린 아들 울음은 부왕(父王) 호통에 묻히고
말 한마디 거들지 못한 아내는 바라보기만 할 뿐
이렇게 깜깜한 하늘인줄 몰랐구나
세살 때 효경을 외웠고
일곱 살 때 동몽선습 독파하여 신동소리 듣던 내가
하늘과 땅을 몰랐으니 죽음인들 알았겠는가
산골에서 태어나 모르고 살았다면
뒤주에 갇혀 버림 받지 않았으리
사도(思悼)라는 칭호 받았다고 입 닫으랴

아들이 둘러맨 연(輦)타고 한강나루 건너던 날
참았던 울음 한꺼번에 터져 강둑을 넘쳤다
화산 기슭에 연꽃봉오리 인석으로 둘러싸여
아버지의 부름 가깝게 들리지만
지금도 대답은 아내가 대신 하는구나

※ 사도세자는 뒤주에 갇혀 죽어 서울시 동대문구 휘경동 배봉산에 묻혔으나 정조가 등극하여 경기도 화성군 화산기슭으로 옮겼다. 사도세자는 정조 때 왕으로 추존되지 못했지만, 고종황제 때 장조의황제로 추존되어 융릉이라는 능호를 얻었다. 융릉(隆陵)은 사도세자와 헌경왕후의 합장릉.

왕릉은 말한다 42
– 제22대 정조 건릉(健陵)

그 날 아버지의 하늘은 무슨 색이었을 거나
뒤주 틈으로 흘러나온 신음소리
뜰의 햇살 갈가리 찢었어도
덮어줄 그늘 한 자락 찾을 수 없었다
손 뻗어 닿지 않는 담 밑에서
아버지 숨결소리 들으려다가
한껏 울지 못하고 주저앉았어도
끝내 오지 않던 어머니 어디 계셨는지
열한 살에 당한 그 일 잊을 수 없다
큰 걸음 걷지 못하고 지내다가
얼굴도 모르는 큰아버지 양자되어
기어이 차지한 임금 자리 누구에게 내주랴
유골 짊어지고 지지대고개 넘으며 다짐한 말
화성 들판에 이뤘다
당파에 빠져 헐뜯는 무리 규장각 지어 몰아내고
젊은 인재 끌어 모아 실학정치 이룰 꿈
왜 이리 짧더란 말이냐
아버지 능호 추존하지 못하고 등창 얻어
끝내 일어날 수 없었다

의원 불러 지은 약이 독약인줄 모른 나를
효자였다고 말하지 마라
부모 곁을 지키지 못하고 떠돌다가
뒤늦게 찾아간 날 들은 꾸지람 아직 쟁쟁하다
오늘도 아버지는 풀어진 머릿결 가누지 못하고
화산 봉우리 흰 구름 헤치는구나

※ 정조는 25세 때 왕위에 올라 49세 때 승하했다. 독살됐다는 설이 있으나 확실하지 않고 사도세자 능 옆에 묻히기를 원했으나 군 병영 터에 묻혔다가 순조 때 현재의 자리에 이장됐다. 병풍석만 있는 사도세자의 융릉과 직선거리로 50m 떨어진 정조의 능상에는 난간석만 있어, 부자가 서로 모자라는 부분을 보충해주고 있는 모습이다. 고종황제 때 선황제로 추존됐다. 건릉(健陵)은 정조와 효의왕후의 합장릉. 경기도 화성 소재.

왕릉은 말한다 43
- 제23대 순조 인릉(仁陵)

부왕(父王)이 돌아가시던 날
인정전 처마 들썩이도록 풍악 울리고
춤추듯이 걸어 온 도승지 손에 이끌려 왕이 되었다
할아버지 가둬 죽이고
아버지를 독살한 노론벽파(辟派)는
열한 살 허수아비 왕 세워 저희 세상 만들었다
오가작통법(五家作統法) 공포하여
사형시킨 천주교도 몇 천 명이었는지
천지에 가득한 비명으로 잠 못 이루고
날 새기만 기다렸구나
처가 잘못만나 시작된 세도정치에
기울어 가는 나라 어떻게 일으키랴
곳곳에서 민란 일고 도둑 들끓어
자하동 안동김씨 기세 날로 커지고
스물두 살 효명세자 잃고 말았으니
종묘제례 어이 할거나
대모산 자락 누운 곳까지
왕후가 따라와 합장되고
하나밖에 없는 혼유석 독차지해 버렸다

난간석에 걸터앉아
표정 없는 석상에 말 걸어 보지만
아무 대답 듣지 못하고
골짜기 가운데를 차지한 돌기둥에 쓰인
"음지에서 일하고 양지를 지향한다"라는 글귀를
일삼아 읽는다

※ 순조는 11세에 등극하여 45세에 승하했다. 처음 경기도 파주 교하에 장사지냈으나 철종 7년에 대모산 헌릉 곁으로 옮겨졌고, 합장릉이라도 각각 있어야 할 혼유석이 하나밖에 없다. 현재 바로 옆으로 국정원이 입주하여 왕릉의 위용을 잃었다. 인릉(仁陵)은 순조와 순원왕후의 합장릉으로, 태종의 헌릉과 함께 헌·인릉으로 불린다. 서울시 서초구 내곡동 소재.

왕릉은 말한다 44

― 효명세자(익종) 수릉(綏陵)

노래하는 꾀꼬리 나뭇가지 흔들고
담장 아래 모란꽃 햇살 젖어 춤추는데
용마루 먹구름 흩어지지 않는구나
기오헌(埼傲軒) 마루에 앉아
북악을 마주하여 시구 떠올려도
엉켜버린 정국(政局)이 눈앞을 막는다
정재(呈才)를 집대성하고
경헌집 여섯 권에 학석집 지었어도
안동김씨 물리치려 장가 든 풍양 조씨 세도에
갈수록 어지러워가는 나라 무슨 수로 바로 잡을지
등 떠민 아버지는 나서주지 않고
가뭄에 찌든 백성들 원성 담을 넘는다.
나에게 남은 시간 얼마나 되는가
밖에 있는 인재(人才) 들어올 틈 없고
어지러워 가눌 수 없는 몸 어이할거나
같은 뜻 품었던 동지를 만나지 못하고
묻혀서도 방황하는 나를
조선 제일 왕세자였다고 말하지 마라
기울어가는 나라 일으키지 못한 걸 어디다 사죄하랴

세 번이나 능침 옮겨 다니다가
다시 만난 신정왕후와 함께 한 지금
황제로 추존되어 맞이하는 봄마다
일찍 지는 꽃을 보며 눈물 흘린다

※ 순조의 아들 효명세자는 궁중무용인 정재를 집대성하는 등 학문과 정치에 뛰어났다. 19세 때 대리청정을 하는 등 나라를 위하여 정열을 쏟았으나 22세 때 갑자기 죽는다. 세 번이나 능침을 옮긴 끝에 경기도 구리시 인창동 동구릉에 묻혔으며, 고종 때 문조익황제로 추존됐다. 수릉(綏陵)은 효명세자(익종→)문조익황제)와 신정왕후의 합장릉.

왕릉은 말한다 45
― 제24대 헌종 경릉(景陵)

십전대길지(十全大吉地)가 여기드냐
선조 할아버지 파묘자리에
먼저 간 효현왕후 장사 지내 경릉이라 해놓고
그 옆에 눕힌 뒤
왕후 이름 따르라 하는구나
여덟 살 되던 해 왕위에 오를 때부터
조선은 마지막을 향해 치달렸다
열 자 깊이로 묻혀야 할 내가
다섯 자도 못 되게 덮였으니
왕손은 이미 끝나고 말았구나
젊은 아버지 돌아가시고
외척 싸움에 어지러운 나라를
할머니 치마폭에 맡겼으니
뿌리째 뽑힐 날 훤히 보였다
숙릉(肅陵)이라는 이름 찾아다오
저희 멋대로 장례 치루고
칭호마저 바꿔버린 무리들은
효정왕후까지 곁으로 불러들여
셋이서 한방 쓰라 하는구나

스물셋 젊은 나이에 눈감고 보는 앞날이
어쩌자고 훤하기만 한지
후손 없이 떠나와 허공을 맴돌아도
움츠려진 무인석 비웃음 대하지 못하고
울타리 밖으로 나갈 수 없구나

※ 효명세자의 아들 헌종은 8세에 왕위에 오르지만 외척세력에 휘둘리다 23세 때 승하한다. 헌종은 숙릉이라는 능호를 가지고도 안동김씨인 효현왕후의 능호인 경릉을 함께 썼다. 조선왕릉 중 유일하게 왕과 왕비 둘이 나란히 묻힌 삼연릉(능을 바라볼 때 왼쪽부터 헌종, 효현왕후, 계비 효정왕후의 능침)으로 조성되어 기울어가는 조선을 말해준다. 경기도 구리시 동구릉 소재.

왕릉은 말한다 46
- 제25대 철종 예릉(睿陵)

내 이름은 원범이었다
형제들과 이곳저곳 유배지를 떠돌던 할아버지는
강화도에 와서도 두 아들을 잃었다
서당에 다닌 적 없고
천자문 글귀 한자 외우지 못한 내게
왕이 되라 하더구나
윗 왕이 조카뻘인데
선왕으로 모셔 제사지내라 하는구나
안동김씨는 어떤 집안이고
세도정치가 무슨 말이냐
열아홉 총각으로 농사지으며
쌀밥에 고깃국이면 편히 잠들었다
그런 내가 인정전 높이 알게 되고
신하들 머릿수 헤아리게 된 날부터
큰소리로 말하고 명령하는 것을 알았지만
세도정치 기세 꺾지 못했다
여자와 술로 보낸 나날
열 명 중 일곱이 양반이 되고
도둑과 양민 구별 없어졌구나

화재민을 구하고 가뭄에 굶는 백성에게
내탕금 내려 구제했어도
아들 넷 일찍 여의고 딸마저 잃었으니
유배지에서 숨 거둔 할아버지 어떻게 볼거나
못난 왕으로 손가락질 받았어도
호화롭게 치장한 무덤이 부끄럽다
어느 쪽으로 고개 돌릴 수 없는 오늘도
강화도 고향 하늘 바라보며 어머니를 부른다

※ 철종은 사도세자의 서자 은언군의 손자로, 후사가 없던 헌종의 뒤를 잇는다. 조카뻘 되는 왕을 이은 건 법도에 없었으나 안동김씨의 세력 유지를 위해 왕이 되었다. 철종은 왕후와 7명의 후궁을 두고 자식을 여럿 얻기는 했으나 모두 유년기에 죽는 비극을 맞이하며 후손 없이 승하했다. 예릉(睿陵)은 철종과 철인왕후의 쌍릉. 경기도 고양시 서삼릉 소재.

왕릉은 말한다 47
- 고종황제와 명성황후 홍릉(洪陵)

나라 빼앗긴 나에게
황제라 불러주는 사람 아직 있는가
무릎 꿇고 흘린 눈물 청계천에 흘러들어
빨래터 아낙네들 침 뱉으며 돌아서고
한강의 어부는 곧은 낚시 던졌다
열두 살 때 아버지 호위 받으며
왕위에 오른 날부터
백성들 눈길은 먼 곳으로 향했고
개똥이란 이름 온 나라에 퍼졌다
태조 할아버지로부터
오백년 넘게 지켜온 조선을
내 손으로 넘겨주고 할 말 있겠는가
고을마다 일어난 의병들 비명과
세계만방에 떠도는 충신의 소식 듣고
왜적 눈치 보며 숨어 지내야 했다
명성황후 시해를 알면서도
국장 치르지 못한 나를 뭐라고 불러 달라야 할지
유골 한쪽 없이 장례 치른 뒤
홍릉이라 높여 불러 놓고

내 이름 구하지 못해
황후의 넋을 옮겨 얻은 능호 부끄럽기 짝이 없다
옷자락만 남긴 황후는 어디를 떠돌거나
거짓으로 함께 누워 찾는 사람 속여도
왜놈이 만든 석상 입을 막지 못하는구나

※ 시신 없이 국장을 치룬 명성황후는 처음에 경기도 동구릉 숭릉 옆에 묻힌다. 그 뒤 대한제국의 황제로 즉위한 고종이 명성황후를 청량이동에 장사 지내며 홍릉이라는 능호를 내린다. 일본은 고종이 승하하자 이왕으로 격하시켜 능호를 쓰지 못하게 했으나, 결국 명성황후를 경기도 남양주시로 이장해 함께 묻은 뒤에야 홍릉 능호를 쓰는 것으로 백성들을 속였다. 홍릉(洪陵)은 고종황제와 명성황후의 합장릉. 경기도 남양주시 금곡 소재.

왕릉은 말한다 48
― 순종황제와 순명효황후, 순정효황후 유릉(裕陵)

만 백성에게 고하노라

「한 생명을 겨우 보존한 짐은 병합인준의 사건을 파기하기 위하여 조칙하노니 지난날의 병합인준은 강린이 역신의 무리와 더불어 제멋대로 만들어 선포한 것이요. 모두 내가 한 바가 아니라, 오직 나를 유폐하고 협제하여 나로 하여금 명백히 말을 할 수 없게 한 것으로 내가 한 것이 아니니 고금에 어찌 이런 도리가 있으리오. 구차하게 살며 죽지 못한지가 십칠 년이라 종사의 죄인이 되고 2천만 생민의 죄인이 되었으니 한 목숨 꺼지지 않는 한 잠시도 잊을 수 없는지라. 유언에 곤하여 말 할 자유가 없어 지금까지 이르렀으니, 병이 침중한 지금 말하지 않고 죽으면 죽어서도 눈감지 못하리라. 이 조칙을 중외에 선포하여 내가 최애 최경하는 백성으로 하여금 병합이 내가 한 것이 아닌 것을 효연히 알게 하면 이전의 병합인준과 양국의 조칙은 스스로 과거로 돌아가고 말 것이리라. 여러분들이여, 노력하여 광복하라. 짐의 혼백이 명명한 가운데 여러분을 도우리라.」

권력을 탐하여 무리 짓지 말고
오직 나라와 국민을 위해 봉사하는 일념으로
한마음 한뜻으로 뭉친다면
내 떠도는 하늘 흙빛이 되고
머무는 땅 진흙탕 되어도
무너진 주춧돌 다시 찾아
하늘 떠받칠 기둥 세우리라

※ 고종황제와 명성황후의 장남인 순종은 고종이 강제로 퇴위당하고 1907년 황위에 오르지만 1910년 조선이 멸망한 뒤 이왕으로 강등되어 수모를 당하며 지내다가 1926년 53세 때 위 유언을 남기고 승하했다. 유릉(裕陵)은 순명효황후의 능호로 순종이 승하해 합장되었고, 마지막으로 순정효황후가 승하해 역시 합장돼 조선왕릉 중 유일하게 한 무덤에 황제와 황후 둘이 함께 묻힌 능이 되었다. 경기도 남양주시 금곡 소재.

〈맺는말〉

왕이 하고 싶었던 말이 귀청을 울렸다

　시를 쓴다는 핑계로 경기도 일원을 다니다가 한두 곳 들르게 된 것이 왕릉이다. 서오릉을 시작으로 동구릉과 김포의 장릉 등을 들러서 왕이 하고 싶었던 말이 자꾸 귀청을 울려 시작한 게 왕릉 연작시가 되었다.
　누구에게나 사연이 있게 마련이고 알려지지 않은 이야기를 간직하고 살지만, 백성들 통치자로서 왕의 말은 현재 시각으로도 일치하는 점이 많아 써가면서 더욱 깊이 빠져들어 중단할 수 없었다.
　처음엔 단종비 장순왕후의 사릉에 우연히 들르게 되어 그 처절했던 사연을 구상했으나 태조 이성계의 건원릉 등을 돌아보고 차례대로 답사하여 40여 개 능을 돌았다. 몇 곳의 능은 폐쇄되어 울타리 너머로 바라보고 기록이나 문헌 등을 참고하여 썼음을 밝힌다.
　왕이 되기 위하여, 왕의 자리를 지키기 위하여 행한 왕들의 고뇌와 노력은 사람으로서 견딜 수 있는 것이 아니었다. 누구나 왕이 될 수 없고 지키기도 쉽지 않았던 걸 떠올리면서 구상

한 작품을 완성하지 못하고 잠자리에 들면 꿈인지 생시인지 자꾸 떠오르는 말들이 잠 못 이루게 했다. 과거를 알면 현재를 살아가는데 지혜롭게 대처할 수 있다는 말이 있듯, 조선왕릉을 알고 나면 역사의 흐름과 현재의 정치 상황을 파악하는 데 도움이 될 것이라 믿는다.

정사에 초점을 맞췄으나 야사를 보태어 우리가 알지 못했던 왕들의 사연을 서정을 빌려 서사시로 꾸몄으니 틀린 점이 있다면 시적인 상상으로 봐주기 바란다.

처음부터 관심을 가지고 답사 및 정리에 동참해 준 김해빈 시인께 감사드리며 서문을 써주신 유승우 교수님께 감사 말씀을 드린다. 『조선왕조실록』, 『승정원일기』, 『조선왕릉의 비밀』(한성희), 『조선의 왕릉』(이호일저), 『조선왕 독살사건』(이덕일저) 등과 여러 종류의 야사를 참조하였음을 밝히는 바이다.

2009. 정월 성주산 아래에서

이오장

조선왕조 능/원/묘 현황

*능(陵) 42기:
황제와 황후, 왕과 왕비, 사후에 왕으로 모셔진 추존 왕과 왕비가 묻힌 곳

*원(園) 13기:
세자와 세자빈, 세손과 세손빈, 왕의 친부모 등이 묻힌 곳

*묘(墓) 64기:
폐군주(연산군/광해군), 폐비, 대군, 공주, 귀인, 후궁 등이 묻힌 곳

1대	태조(건원릉) 신의왕후(제릉) 계비신덕왕후(정릉)
2대	정종 · 정안왕후(후릉)
3대	태종 · 원경왕후(헌릉)
4대	세종 · 소헌왕후(영릉)
5대	문종 · 현덕왕후(현릉)
6대	단종(장릉) 정순왕후(사릉)
7대	세조 · 정희왕후(광릉)
*추존 왕릉	의경세자 · 인수대비(경릉)
8대	예종 · 계비안순왕후(창릉) 장순왕후(공릉)
9대	성종 · 계비정현왕후(선릉) 공혜왕후(순릉)
10대	연산군 · 거창 신씨(연산군묘)

11대	중종(정릉) 단경왕후(온릉) 계비장경왕후(희릉) 계비 문정왕후(태릉)
12대	인종 · 인성왕후(효릉)
13대	명종 · 인순왕후(강릉)
14대	선조 · 의인왕후 · 계비인목왕후(목릉)
15대	광해군 · 문화 유씨(광해군묘)
*추존 왕릉	인조의 아버지 정원군 · 인헌왕후(장릉)
16대	인조 · 인열왕후(장릉) 계비장렬왕후(휘릉)
17대	효종 · 인선왕후(녕릉)
18대	현종 · 명성왕후(숭릉)
19대	숙종 · 계비인현왕후 · 계비인원왕후(명릉) · 인경왕후(익릉)
20대	경종 · 계비선의왕후(의릉) 단의왕후(혜릉)
21대	영조 · 계비 정순왕후(원릉) 정성왕후(홍릉)
*추존왕릉	영조의 맏아들 효장세자 · 효순왕후(영릉)
*추존왕릉	정조의 아버지 사도세자 · 헌경왕후(융릉)
22대	정조 · 효의왕후(건릉)
23대	순조 · 순원왕후(인릉)
*추존 왕릉	효명세자 · 신정왕후(수릉)
24대	헌종 · 효연왕후 · 계비효정왕후(경릉)
25대	철종 · 철인왕후(예릉)
*황제릉	고종 · 명성황후(홍릉)
*황제릉	순종 · 순명효황후 · 계비순정효황후(유릉)

공순영릉(파주지구) 사적 205 파주시 조리읍 봉일천리
☎ 031-941-4208

恭陵(공릉) 제8대 예종 비 장순왕후

順陵(순릉) 제9대 성종 비 공혜왕후

永陵(영릉) 추존 진종(영조의 자) 및 효순왕후

장릉사적 203 파주시 탄현면 갈현리

長陵(장릉) 제16대 인조 및 인열왕후(비공개)

소령원 사적 358 파주시 광탄면 영장리

昭寧園(소령원) 제19대 숙종 후궁 숙빈최씨(영조사친)(비공개)

수길원 사적 359 파주시 광탄면 영장리

綏吉園(수길원) 제21대 영조 후궁 정빈 이씨(진종사친)(비공개)

장릉(장릉지구) 사적 202 김포시 김포읍 풍무리

章陵(장릉) 제16대 인조의 부 추존 원종 및 인헌왕후(비공개)

서오릉(고양지구) 사적 198 고양시 덕양구 용두동
☎ 02-359-0090

敬陵(경릉) 제9대 성종사친 덕종 및 덕종비 소혜왕후

昌陵(창릉) 제8대 예종 및 계비 안순왕후

明陵(명릉) 제19대 숙종 및 계비 인현왕후, 인원왕후

翼陵(익릉) 제19대 숙종 비 인경왕후

弘陵(홍릉) 제21대 영조 비 장성왕후

順昌園(순창원) 제13대 명종제1자 순회세자 및 세자빈 공회빈윤씨

綏慶園(수경원) 영조후궁(사도세자 사친) 영빈이씨

大嬪墓(대빈묘) 제20대 숙종 후궁 장희빈

서삼릉(출장소) 사적 200 고양시 덕양구 원당동

孝陵(효릉) 제12대 인종 및 인성왕후(비공개)
睿陵(예릉) 제25대 철종 및 철인왕후
禧陵(희릉) 제11대 중종계비 장경왕후
懿寧園(의령원) 장조(사도세자)의 1남 의소세손
孝昌園(효창원) 제22대 정조의 자 문효세자
紹慶園(소경원) 제16대 인조의 자 소현세자(비공개)
懷墓(회묘) (제 10대 연산군 사친 파평윤씨 등 묘 50기)(비공개)
※胎室(태실) 54기(비공개)
온릉 사적 210 양주군 장흥면 일영리
溫陵(온릉) 제11대 중종 비 단경왕후(비공개)
영회원 사적 357 광명시 노온사동
永懷園(영회원) 제16대 인조의 자 소현세자 빈 강씨(비공개)

정릉(서울지구) 사적 208 서울 성북구 정릉동
☎ 02-914-5133
貞陵(정릉) 제1대 태조 계비 신덕왕후 서울지구

태강릉(태강릉지구) 사적 201 서울 노원구 공릉동
☎ 02-972-0370
泰陵(태릉) 제11대 중종 계비 문정왕후
康陵(강릉) 제13대 명종 및 인순왕후(비공개)
연산군묘 사적 362 서울 도봉구 방학동
燕山君墓(연산군묘) 제10대 연산군 및 비 거창신씨

의릉(의릉지구) 사적 204 서울 성북구 석관동
☎ 02-964-0579

懿陵(의릉) 제20대 경종 및 계비 선의왕후
영휘원(영휘원 출장소) 사적 361 서울 동대문구 청량리동(영친왕사친)
永徽園(영휘원) 제26대 고종 후궁 순헌귀비 엄씨
崇仁園(숭인원) 영친왕 이은의 자 이진

동구릉(동구릉지구) 사적 193 구리시 인창동
☎ 031-563-2909

健元陵(건원릉) 제1대 태조
顯陵(현릉) 제5대 문종 및 현덕왕후
穆陵(목릉) 제14대 선조 및 의인왕후, 계비 인목왕후
徽陵(휘릉) 제16대 인조 계비 장열왕후
崇陵(숭릉) 제18대 현종 및 명성왕후(비공개)
惠陵(혜릉) 제20대 경종 비 단의왕후
元陵(원릉) 제21대 영조 및 계비 정순왕후
綏陵(수릉) 추존 문조 및 신정황후
景陵(경릉) 제24대 헌종 및 효현왕후, 계비 효정왕후
명빈묘 사적 364 구리시 교문동
明嬪墓(명빈묘) 제3대 태종 후궁 명빈김씨(비공개)

선정릉(선정릉지구) 사적 199 서울 강남구 삼성동
☎ 02-568-1291
宣陵(선릉) 제9대 성종 및 계비 정현왕후
靖陵(정릉) 제11대 중종

헌인릉(헌인릉지구) 사적 194 서울 서초구 내곡동
☎ 02-445-0347
獻陵(헌릉) 제3대 태종 및 원경왕후
仁陵(인릉) 제23대 순조 및 순원왕후

광릉(광릉지구) 사적 197 남양주시 진접읍 부평리
☎ 031-527-7105
光陵(광릉) 제7대 세조 및 정희왕후
휘경원 사적 360 남양주시 진접읍 부평리
徽慶園(휘경원) 제22대 정조의 후궁 수빈박씨
영빈묘 사적 367 남양주시 진접읍 장현리
寧嬪墓(영빈묘) 제19대 숙종 후궁 영빈김씨
순강원 사적 356 남양주시 진접읍 내각리
順康園(순강원) 제14대 선조 후궁 인빈김씨

사릉(사릉지구) 사적 209 남양주시 진건면 사릉리
☎ 031-573-8124

思陵(사릉) 제6대 단종 비 정순왕후(비공개)

광해군묘 사적 363 남양주시 진건면 송릉리

光海君墓(광해군묘) 제15대 광해군 및 비 문화 유씨(비공개)

안빈묘 사적 366 남양주시 진건면 송릉리

安嬪墓(안빈묘) 제17대 효종 후궁 안빈이씨(비공개)

성묘 사적 365 남양주시 진건면 송릉리

成墓(성묘) 제14대 선조 후궁 공빈김씨(광해군의 사친)(비공개)

홍유릉(금곡지구) 사적 207 남양주시 금곡동 금곡지구
☎ 031-591-7043

洪陵(홍릉) 제26대 고종 및 명성황후

裕陵(유릉) 제27대 순종 및 순명효황후, 계비 순정효황후

英園(영원) 영친왕 이은과 방자비의 묘(비공개)

墓(묘6기) 의친왕묘, 광화당묘, 삼축당묘, 덕혜옹주묘, 시운당묘
황세손 이구의 묘(2005년 조성)(비공개)

융건릉(화성지구) 사적 206 화성군 태안읍 안녕리
☎ 031-222-0142

隆陵(융릉) 추존 장조(사도세자) 및 헌경왕후

健陵(건릉) 제22대 정조 및 효의왕후

영녕릉(세종대왕 유적관리소)사적 195 여주군 능서면 왕대리
☎ 031-885-3123
英陵(영릉) 제4대 세종 및 소헌왕후
寧陵(녕릉) 제17대 효종 및 인선왕후

장릉 사적 196 영월군 영월읍 영흥리 ☎ 033-370-2619
莊陵(장릉) 제6대 단종 영월
준경묘 강원 삼척군 미로면 활기리
濬慶墓(준경묘) 태조 5대 조부 양무장군(비공개)
영경묘 기념물 43 삼척군 미로면 하토전리
永慶墓(영경묘) 태조 5대 조모 이씨(비공개)

북한소재 개성시
齊陵(제릉) 제1대 태조 비 신의왕후
厚陵(후릉) 제2대 정종 및 정안왕후

  *능 : 42기(북한소재 2기 포함)   원: 13기   묘: 64기
   총 : 119기

조선왕조 가계도

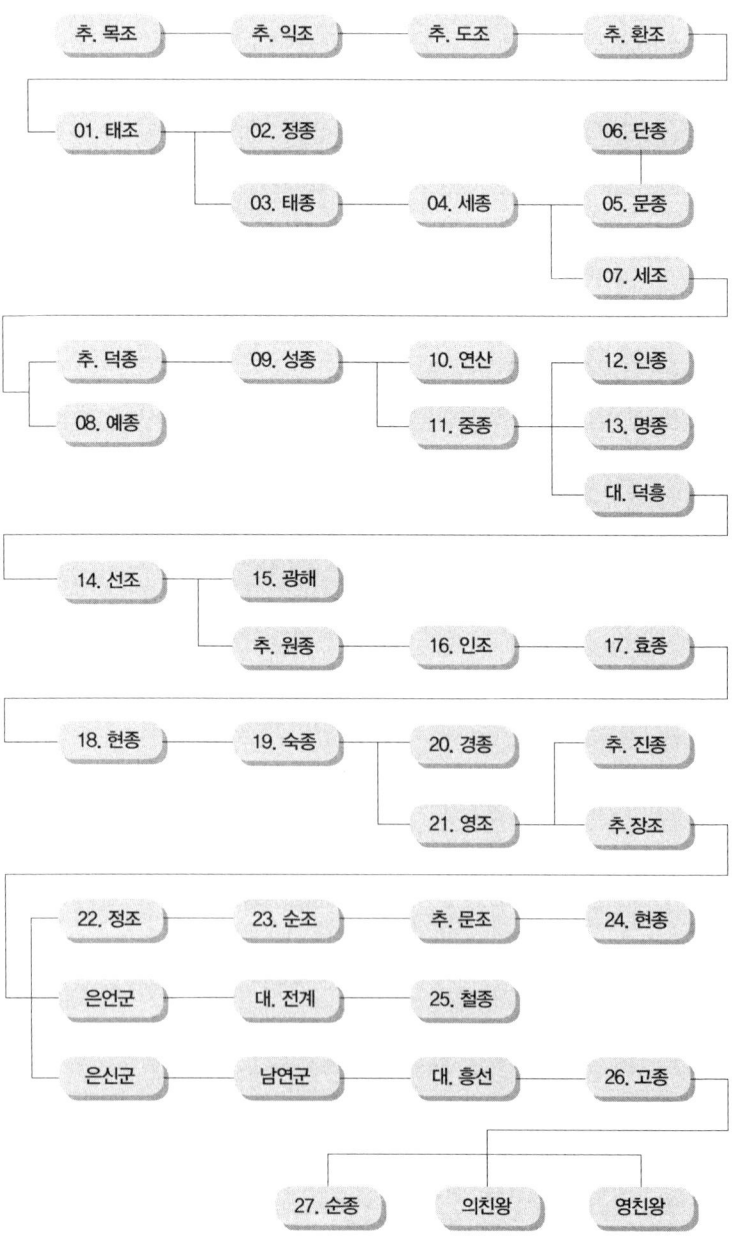

王陵

초 판 2007년 2월　　토우 출판
증 판 2009년 9월　　(주)하트코리아 출판
개정판 2016년 4월 23일 도서출판 국보

지은이 이오장
발행인 임수홍
편 집 안영임
디자인 맹신형

발행처 도서출판 국보
주 소 서울 강동구 양재대로 114길 32 2층
전 화 02-476-2757~8　　FAX 02-475-2759
카 페 http://cafe.daum.net/lsh19577
E-mail kbmh11@hanmail.net

값 10,000원

ISBN 979-11-86487-47-1

· 저자와의 협약에 의해 인지는 생략합니다.
· 이 시집의 글은 저작권법에 따라 보호를 받는 저작물이므로 저자와 출판사의 동의 없이는 무단 전재 및 무단 복제를 금합니다.

· 잘못된 책은 바꾸어드립니다.

「이 도서의 국립중앙도서관 출판예정도서목록(CIP)은 서지정보유통지원시스템 홈페이지(http://seoji.nl.go.kr)와 국가자료공동목록시스템(http://www.nl.go.kr/kolisnet)에서 이용하실 수 있습니다.(CIP제어번호: CIP2016010038)」